Johann Friedrich von Cronegk

Der Mißtrauische

Ein Lustspiel in fünf Aufzügen

Johann Friedrich von Cronegk: Der Mißtrauische. Ein Lustspiel in fünf Aufzügen

Erstdruck: In: »J. F. v. Cronegk: Schriften«, Bd. 1, herausgegeben von Johann Peter Zu, Ansbach (Jacob Christoph Posch), 1760. Uraufführung [?] 1766, Hamburg.

Neuausgabe mit einer Biographie des Autors
Herausgegeben von Karl-Maria Guth
Berlin 2019

Der Text dieser Ausgabe folgt:
Johann Friedrich von Cronegk: Der Misstrauische. Herausgegeben von Helmut Arntzen und Karl Pestalozzi, Berlin: Walter de Gruyter & Co., 1969.

Dieses Buch folgt in Rechtschreibung und Zeichensetzung obiger Textgrundlage.

Die Paginierung obiger Ausgabe wird hier als Marginalie zeilengenau mitgeführt.

Umschlaggestaltung von Thomas Schultz-Overhage unter Verwendung des Bildes: Johann Friedrich Reichsfreiherr von Cronegk (Kupferstich von Bernigroth, im 1. Band von Cronegks Schriften, 1760)

Gesetzt aus der Minion Pro, 11 pt

ISBN 978-3-7437-3009-0

Druck: Libri Plureos GmbH, Friedensallee 273, 22763 Hamburg

Die Deutsche Nationalbibliothek verzeichnet diese Publikation in der Deutschen Nationalbibliografie; detaillierte bibliografische Daten sind im Internet über www.dnb.de abrufbar.

Verlag: Henricus - Edition Deutsche Klassik GmbH
Mörchinger Str. 33, 14169 Berlin, info@henricus-verlag.de

Der Mißtrauische

Ein Lustspiel in fünf Aufzügen

Personen

Herr Orgon.

Herr Timant, sein Sohn.

Herr Damon, Timantens Freund.

Philipp, Timantens Bedienter.

Herr Geronte.

Fräulein Climene, seine Tochter.

Lisette, Climenens Kammermägdchen.

Der Schauplatz ist im Saale, in dem Hause, das Geronte und Timant bewohnen.

Erster Aufzug

Erster Auftritt

Herr Orgon, Philipp.

HERR ORGON *anfangs allein.* Ich sehe niemand im ganzen Hause!

Er sieht nach der Uhr.

Es ist doch schon spät genug! Linker Hand, sagte man, soll er wohnen! Heh!

Er klopfet an.

PHILIPP *inwendig.* Gleich, wer pochet denn so früh?

Er geht heraus.

Was wollen Sie, mein Herr? Herr Timant schläft noch, und Sie können nicht zu ihm kommen. Ich will Sie melden; woher kommen Sie? Wer sind Sie? Was wollen Sie? Wo gehen Sie hin? Sind Sie fremde oder einheimisch? Was bedienen Sie? Darf man Ihnen auch trauen? Geschwind, wer sind Sie?
HERR ORGON. Du kennest mich nicht, Philipp? Was sollen alle deine Fragen? Ich sehe, mein Sohn ist fleißiger bewacht, als manche Festung. Du fragest mich aus, wie man die Leute am Stadtthore ausfraget. Ich sollte dir wohl auch einen falschen Namen sagen.
PHILIPP. O gnädiger Herr! sind Sie es, oder sind Sie es nicht? Ja, wahrhaftig, ich glaube, Sie sinds. O ich bitte um Verzeihung; wir haben einander schon lange nicht gesehen. Wie befinden Sie sich? Was für ein Glück bringt Sie hieher? Zu Hause ist doch alles gesund?
HERR ORGON. Nun, du bist heute gar voll Fragen: ich will dir ein andermal antworten. Ich habe meinen Sohn schon seit zehn Jahren nicht gesehen. Ich brenne recht vor Begierde, ihn zu umarmen; führe mich geschwind zu ihm.
PHILIPP. Ey! mit Ihrer Erlaubniß, gnädiger Herr! das kann nicht seyn.
HERR ORGON. Das kann nicht seyn! Und warum?
PHILIPP. Ey! mein Herr schläft.

HERR ORGON. Nun, ich glaube, die Nachricht von meiner Ankunft kann ihm nicht so gleichgültig seyn. Wecke ihn auf; ich will es verantworten.
PHILIPP. Ja, gnädiger Herr, ich thäte es gern, aber das ist unmöglich.
HERR ORGON. Hast du dir vorgenommen, mir heute nichts als abgeschmacktes Zeug vorzusagen? Warum ist es unmöglich?
PHILIPP. Weil die Thüre meines gnädigen Herrn mit nicht mehr, als vier Vorlegeschlössern, von innen her versperret ist; und weil er, wenn ich Lärmen machte, mir leicht mit einer von denen sechs Pistolen, die allemal geladen vor seinem Bette liegen, einen schlimmen guten Morgen geben könnte. Ja, der junge gnädige Herr ist gar böse, wenn er anfängt. Sie kennen ihn noch nicht recht! Gestern Abends, als er auf der Straße gieng, hätte er fast ein groß Unglück angestellet. Der Nachtwächter wollte eben in sein Horn blasen, und die Leute, die sich frühzeitig zu Bette begeben, aufwecken, um ihnen eine geruhige Nacht zu wünschen. Der gnädige Herr aber sah ihn für einen Straßenräuber, und sein Horn für eine Flinte an. Er sprang auf die Seite, zog den Degen; und wenn ich ihn nicht zurück gehalten hätte, so wäre jetzo ein Nachtwächter weniger in der Stadt.
HERR ORGON. Ich bleibe dabey, du bist heute unrecht aufgestanden, und weißt nicht, was du sagest. Mein Sohn kann ja unmöglich so närrische Streiche vornehmen.
PHILIPP. Ob es möglich ist, weiß ich nicht: daß es gewiß ist, weiß ich. Sie werden es schon sehen. Es wird nicht mehr über eine halbe Stunde anstehen, so wird er herauskommen.
HERR ORGON. Aber warum sollte mein Sohn so seltsam thun? Hat er etwa gefährliche Feinde?
PHILIPP. Nein, sein Hauptfeind ist er selbst. Er trauet sich und dem ganzen menschlichen Geschlechte nichts Gutes zu: das nennt er Vorsichtigkeit und Klugheit. Ich bin der einzige, dem er die Gnade erzeiget, sich bisweilen gegen ihn herauszulassen, weil ich nicht lesen und nicht schreiben kann, und mich, wenn ich bey ihm seyn muß, noch dümmer stelle, als ich bin.
HERR ORGON. Du träumest! Mein Sohn war ja sonst nicht so. Ich habe zwar schon in seiner Kindheit etwas Mistrauisches an ihm bemerket: aber ich dachte, das wäre gut. Die Welt ist heut zu Tage so böse, so listig, daß man nicht mistrauisch genug seyn kann; und ich

bin oft über mich selbst böse, weil ich allen Menschen Gutes zutraue: und das kömmt daher, weil ich sie alle lieb habe.

PHILIPP. Der gnädige Herr Sohn ist ihnen eben auch nicht feind; dienen wird er allen, wenn es ihm möglich ist, aber trauen keinem: und dieser Fehler ist desto größer, weil er bey einem jungen Menschen seltsam ist; eben so, gnädiger Herr, wie es bey einem Manne von Ihren Jahren eine seltsame Tugend ist, den Leuten zu viel zu trauen. Sie beschämen alle Comödienschreiber. Sie klagen nicht über die schlimmen Zeiten; Sie haben mir noch nichts von der schönen Zeit erzählet, in der Sie noch jung waren. Sie können unmöglich so alt seyn, als Sie aussehen; oder wenn gleich Ihr Körper alt ist, so ist doch Ihre Seele noch in den besten Jahren.

HERR ORGON. Ich sehe, Philipp ist ein Redner, und gar ein Philosoph geworden, seitdem ich ihn nicht gesehen habe.

PHILIPP. O! was lernet man nicht in der Stadt! Auf dem Lande war ich ein Dummkopf: aber jetzo, ob ich schon weder lesen noch schreiben kann, glaube ich doch für einen Bedienten Verstand genug zu haben, und ich vertauschte mich mit keinem andern.

HERR ORGON. Ich glaube es. Sage mir aber, was ich von deiner Erzählung wegen meines Sohnes denken soll! Du hast mir ganz bange gemacht. Ich habe ihn freylich seit zehn Jahren nicht gesehen; er hatte sonst die gewöhnlichen Fehler der Jugend nicht an sich.

PHILIPP. Die hat er auch noch nicht! Er ist nur zu altklug, zu vorsichtig. Gleich anfangs, wie er in die Stadt kam, kam er in schlimme Gesellschaft, wo man übel mit ihm umgieng: seit dem glaubet er, jedermann sey so betrügerisch. Er hält oft mitten im Reden inne, um nachzudenken, ob man nicht aus seinen Worten etwan eine gefährliche Folge ziehen könnte. Wenn zwo Personen auf der Straße miteinander reden, so glaubet er, sie reden von ihm. Wenn man ihm freundlich begegnet, so glaubet er, man habe ihn zum Besten, oder man wolle ihn betrügen. Thut man gleichgültig, so glaubet er, man suche Händel an ihm. Neulich war er in der Comödie; und da man über den Arlekin lachte, so glaubte er, man lache über ihn, und gieng voll Zorn hinaus. Herr Geronte, der hier im Hause wohnt –

HERR ORGON. Herr Geronte wohnt hier im Hause? Seit wann denn?

PHILIPP. Erst seit kurzer Zeit. Den Saal, in dem wir jetzo sind, hat er gemeinschaftlich mit meinem Herrn. Er ist ein guter alter Herr, der alles hübsch deutsch heraussaget, was ihm vor den Mund kömmt.

Der hielt ihm jüngst eine Predigt über sein Mistrauen, und sagte ihm alles aufrichtig heraus. Wie er weg war, sagte mein Herr: Wie kann sich doch der Mann verstellen! Er muß etwas Wichtiges darunter suchen.

HERR ORGON. Auf die Art, wie du mir meinen Sohn beschreibst, so wird er nicht wissen, was er von meiner unvermutheten Ankunft denken soll.

PHILIPP. Das weis ich so wenig, als Er? und die Wahrheit zu sagen, ohne so argwöhnisch zu seyn, bin ich vielleicht eben so neugierig.

HERR ORGON. Ich kann dir es wohl sagen; ich denke, meinen Sohn zu verheurathen.

PHILIPP *erschrickt*. O was sagen Sie da! Er wird über diese Nachricht gewiß ganz närrisch werden.

HERR ORGON. Nu, warum mußt du so ungezogen von deinem Herrn reden? Hat er denn so einen Widerwillen dagegen?

PHILIPP. Das eben nicht, aber –

HERR ORGON. Sollte er etwan sonst wo verliebt seyn? Ich dächte doch, Fräulein Climene wäre schön genug.

PHILIPP. Wie, Fräulein Climene, die Tochter des Herrn Geronte, die ist es, die Sie Ihrem Herrn Sohne geben wollen?

HERR ORGON. Ja, Geronte ist mein alter Freund. Es wäre mir sehr lieb, wenn ich mich genauer mit ihm verbinden könnte.

PHILIPP. O das heißt ein Glück, gnädiger Herr! Diese ist eben die Person, die mein Herr liebet.

HERR ORGON. Das ist mir lieb. Für diese Nachricht sollst du ein gutes Trinkgeld bekommen: aber liebet sie ihn auch wieder?

PHILIPP. Das weiß ich eben nicht zu sagen: ich will mich aber darnach erkundigen. Sie hat ein Mägdchen, das Lisette heißt, ein schlaues listiges Ding. Daß er sie lieb hat, weiß ich daraus, daß er recht thyrannisch mit ihr umgeht, und sie entsetzlich plaget. Neulich ließ sie in Gesellschaft ihren Fächer fallen. Das ist nicht umsonst geschehen, sagte mein Herr; sie muß jemandem dadurch ein Zeichen haben geben wollen.

HERR ORGON. Das ist mir lieb, daß er sie liebet, und ich freue mich schon zum Voraus auf die Freude, die ich ihm werde machen können. Sage ihm aber ja nichts davon, ich befehle es dir recht ernsthaft. Wir wollen schon sehen, wie wir ihn von seiner Krankheit heilen; denn so muß ich sein Mistrauen nennen – Wer kömmt da?

PHILIPP. Das ist eben Lisette, von der ich Ihnen sagte.

Zweyter Auftritt

Herr Orgon, Philipp, Lisette.

HERR ORGON. Trete sie nur immer her, mein gutes Kind. Ist Herr Geronte zu Hause? Kann ich zu ihm kommen?
LISETTE. Ich will Sie gleich melden; darf ich nach Ihrem Namen fragen?
HERR ORGON. Nein, ich will ihn unangemeldet und unvermuthet überfallen; ich weiß gewiß, es wird ihn erfreuen.

Zu Philipp.

Wenn mein Sohn zu seiner Stube heraus kömmt: so sage ihm, er würde mich bey Herrn Geronte finden. Weißt du aber wohl, was ich dir gesaget habe? Halt reinen Mund.

Geht ab.

Dritter Auftritt

Lisette, Philipp.

LISETTE. Was ist denn das für ein alter hübscher Herr? Er sieht so freundlich aus; was hat er denn für einen Sohn?
PHILIPP. O, es ist der beste Mann von der Welt! Sein größter Fehler ist, daß er zu gut ist. Er denket immer von allen Leuten das Beste. Redet jemand mit ihm, und giebt ihm irgend einen Rath; gleich ist er seiner Meynung: wenn aber ein anderer nachkömmt, der ganz entgegengesetzter Meynung ist; so läßt er sich wieder anders überreden. Wenn man ihm etwas zuwider thut, so wird er, bey aller seiner Güte, doch manchmal hitzig. Ich habe es schon etlichemal nachdrücklich empfunden: aber sein Zorn währet nicht länger, als bis die Meynung, die ihn böse machet, von einer andern verdrungen wird; und das kann man leicht thun. Kurz, er ist ein Mann, den man herum drehen kann, wie man will, ungeachtet er sonst nicht eben so einfältig ist; und das kömmt bloß daher, weil er auf keinen Menschen einiges Mistrauen setzen kann. Nun rathe einmal, wer sein Sohn ist?

LISETTE. O rathe du selbst! Ich komme hieher, mit dir zu schwatzen; die Zeit ist kostbar; und bey meiner ersten Frage hältst du mir eine Predigt, ohne mir ein Wort von dem zu sagen, was ich fragte.
PHILIPP. Werde nur nicht böse! Ehe ich dich böse machte, sagte ich dir mehr, als ich weiß. Das ist meines jungen gnädigen Herrn –
LISETTE. Was? Herrn Timants Vater? Nun, der Sohn ist dem Vater nicht nachgeschlagen. Aber was für ein guter Wind hat ihn denn hieher gebracht?
PHILIPP. Ja, mein liebstes Lisettchen, alles mußt du doch nicht aus mir zu fragen denken. Siehst du, ich bin verschwiegen, ohne mich zu rühmen; ich habe noch niemals meines Herrn Geheimnisse ausgeschwatzt, wenn man mich nicht recht sehr darum gebethen hat. Siehst du, ich bin verschwiegen!
LISETTE. Nun, wenn ich dich aber recht sehr bitte! Du weißt wohl, wenn du mich einmal böse machst, daß du mich so bald nicht wieder gut kriegest. Ich bin auch verschwiegen; ich will es keinem Menschen sagen; ich kann so gut reinen Mund halten, als du.
PHILIPP. Meine Verschwiegenheit fängt an zu wanken. Nun, was giebst du mir aber dafür, daß ich es darauf wage, und mich vor einigen Stockschlägen nicht fürchte? Ein Mäulchen!

Er will sie küssen.

LISETTE. O sey klug, wenn dir es beliebt. Nein, deine Geheimnisse sind mir zu theuer: um den Preis mag ich sie nicht wissen.
PHILIPP. Nun, so sey doch wenigstens so billig, einen Tausch anzunehmen, den ich dir vorschlagen werde.
LISETTE. Einen Tausch! Was für einen?
PHILIPP. Du sollst mir für meine Neuigkeit etliche Kleinigkeiten von deinem gnädigen Fräulein sagen. Du weißt, daß mein Herr sie liebet; und ich wäre doch neugierig, zu erfahren, was sie von ihm denket und ob sie ihn wieder liebet.
LISETTE. O dazu bin ich zu verschwiegen! Was sollte ich dir aber auch wohl sagen? Ich weiß nicht, daß dein Herr Climenen liebet. Würde er sie denn sonst so quälen? Und ob sie verliebt ist, kann ich auch nicht wissen. Das weiß ich wohl, daß sie zerstreut ist, seufzet, bisweilen erröthet, bisweilen blaß wird. Neulich kam ich ungefähr dazu, da sie sich die Thränen abtrocknete. Ob das nun Liebe bedeutet, weiß ich nicht.

PHILIPP. Das geht gut! Wenn das ist, so hat mein Herr gewonnen. Hat sie nicht manchmal von ihm mit dir geredet?
LISETTE. O ja, wenn es gerade Gelegenheit giebt. Sie saget: Der Mensch hat viel gute Eigenschaften, aber seine mistrauische Art ist unerträglich. Neulich hörte ich, daß sie, da sie allein zu seyn glaubte – doch nein! ich will es dir nicht erzählen; du bist zu schwatzhaft.
PHILIPP. O gar nicht! fahre nur fort, sie glaubte allein zu seyn.
LISETTE. Ja, und mit einem tiefen Seufzer nannte sie den Namen –
PHILIPP. Meines Herrn?
LISETTE. Nein, Damons Namen, des besten Freundes von deinem Herrn: was das mag zu bedeuten haben?
PHILIPP. O für meinen Herrn bedeutet es gewiß nichts Gutes. Ich habe auch an Damon eine Zeit her was besonders bemerket. Er ist traurig, tiefsinnig und ganz blaß, redet wenig, kömmt seltner zu meinem Herrn, als sonst, sieht Climenen manchmal heimlich an und seufzet: aber darein weiß ich mich nicht zu finden, daß er Climenens Gesellschaft vermeidet, wenn er nur kann, und sich oft recht dazu zwingt, sie nicht anzusehen. Was sollen wir nun aus allem diesen schließen?
LISETTE. Daß sie sich entweder sehr verstellen, oder einander lieben, ohne sich zu getrauen, einander ihre Liebe zu gestehen. Vielleicht will Damon aus Freundschaft für deinen Herrn ihm seine Liebste nicht abspänstig machen. Aber heraus muß ich es kriegen, es mag gehen, wie es will. Ich weiß schon, wie ich es anfangen will, daß ich allen beyden ihre Geheimnisse heraus locke. Aber sage nun auch dein Geheimniß!
PHILIPP. St. St. mein Herr kömmt ganz leise herein geschlichen. Er will uns vermuthlich belauschen. Lebe wohl!
LISETTE. Lebe wohl! ich muß zu meinem Fräulein.

Vierter Auftritt

Timant, Philipp.

TIMANT *kömmt leise herein, und sieht sich allenthalben um.* War niemand bey dir? Mich dünkt, ich habe jemand reden gehört.
PHILIPP. Niemand, als Lisette, gnädiger Herr. Aber eine Neuigkeit –

TIMANT. Lisette? Was hat sie denn hier gesucht? Hat sie nicht etwan Climene hergeschickt, mich zu belauschen, oder mir sagen zu lassen, daß sie völlig entschlossen ist, mit mir zu brechen?

PHILIPP. Lisette hat nur mit mir etwas zu sprechen gehabt. Machen Sie sich nur nicht wieder fürchterliche Vorstellungen: hören Sie nur.

TIMANT *sieht den Philipp starr an.* Mit dir hat sie etwas zu sprechen gehabt. Philipp, sage mir auf dein Gewissen, war es nicht von etwas, das mich angeht? Ich bin in großer Gefahr; Climene liebet mich nicht; sie hat etwas wider mich im Sinne; ich habe sie gestern mit ihrem Vater hören leise reden.

PHILIPP. Aber, gnädiger Herr, was hat denn das zu bedeuten, wenn eine Tochter mit ihrem Vater redet? Ich kann Ihnen zuschwören, daß wir nicht von Ihnen geredet haben.

TIMANT. Du redest wie ein Narr wie – ein Mensch, der noch gewaltig neu in der Welt ist. Ich sage dir, daß gewiß etwas gefährliches dahinter stecket. Das verstehst du nicht. Ich will dir beweisen, und das so klar, als der Tag, daß –

PHILIPP. Erlauben Sie mir nur, Ihnen noch vor Anfange des Beweises zu sagen, daß Ihr gnädiger Herr Vater angekommen ist, und –

TIMANT. Was? Was sagest du? Mein Vater? o Himmel, was muß das zu bedeuten haben?

PHILIPP. Sie erschrecken, gnädiger Herr, über die Ankunft eines Vaters, den Sie schon seit zehn Jahren nicht gesehen haben! Ich dachte eine recht fröhliche Nachricht zu bringen.

TIMANT. So unvermuthet, ohne mir es vorher wissen zu lassen, kömmt mein Vater an? – Ach! er wird ganz gewiß etwas von meiner Liebe erfahren haben, und mich von hier nehmen wollen. Wer muß es ihm doch wohl geschrieben haben? Damon? Ich weiß nicht, was ich aus ihm machen soll. Er ist eine Zeit her so traurig, so niedergeschlagen, als wenn er ein böses Gewissen hätte. Er kömmt seltner zu mir, und sieht so geheimnißvoll aus – Ja, Damon hat es gewiß an meinen Vater geschrieben. Aber warum kömmt mein Vater selbst? Sollte er etwan seine Grausamkeit noch weiter treiben, und mir gar ein Gefängniß zur Strafe meiner allzu heftigen Liebe zugedacht haben? – Ach! du bist gewiß auch wider mich! Du lachest, Verräther!

PHILIPP. Verzeihen Sie mir, gnädiger Herr! Ich habe Ihnen lange ruhig zugehöret: aber diese letzten Einfälle sind, mit Ihrer gnädigen Erlaubniß, doch immer ein bißchen lächerlich. Ihr Herr Vater Sie in ein

Gefängniß werfen lassen? Er kömmt, Sie auf eine angenehme Art zu überfallen; und Sie trauen ihm so viel Böses zu! Und der arme Herr Damon! Was hat denn der Ihnen gethan? Nun, wenn Sie ihrem eigenen Vater, und Ihrem besten Freunde nicht trauen: so weiß ich nicht, was ich sagen soll?

TIMANT *bey Seite.* Sollte etwan Damon oder mein Vater den Kerl bestochen haben?

PHILIPP. Was befehlen Sie?

TIMANT. Nichts, laß mich zufrieden!

Er geht eine Weile im Zimmer stillschweigend auf und nieder; Philipp äffet ihm nach.

Philipp!

PHILIPP. Gnädiger Herr!

TIMANT. Wo ist mein Vater? Hast du ihn gesprochen? Sieht er freundlich aus? Hat er viel Bediente bey sich? Warum ist er noch nicht hier?

PHILIPP. Er ist bey dem Herrn Geronte. Ich habe ihn hier im Saale gesprochen; und er hat mir auf das freundlichste befohlen, Ihnen zu sagen, Sie möchten hinauf kommen.

TIMANT. Ach! nun ist es gewiß! Zu meiner größten Beschämung will er mir, in Gegenwart meiner Liebsten, verbiethen, jemals mehr an sie zu denken. Seine Freundlichkeit ist Verstellung. Unglücklicher Timant! Von deinem Freunde verrathen, von deiner Geliebten gehasset, von deinem Vater nicht geliebet! Wohin sollst du dich wenden? Vielleicht haben sie recht! Was sollen sie an mir finden, das ihrer Liebe oder Freundschaft würdig wäre? Ich bin es vielleicht werth, daß sie mich verachten! Ich habe vielleicht noch viele schlimme Eigenschaften an mir, die ich selbst nicht kenne! Aber wodurch habe ich sie so sehr beleidigen können? Ist denn meine Liebe so strafbar? Ist denn mein Herz so gar hassenswerth? Bin ich denn zu nichts, als zum Unglücke und zum Schmerze gebohren?

PHILIPP. Sie machen mich weichherzig! Trösten Sie sich doch! Sie sind selbst die Ursache Ihrer Schmerzen, weil Sie sich immer das Schlimmste vorstellen – Ich muß Ihnen das Geheimniß entdecken! Ihr gnädiger Herr Vater kömmt, Sie zu verheurathen.

TIMANT. Mich zu verheurathen? Himmel! Was sagest du? Was muß er für eine Absicht haben? Ach! mein Herz saget mir, daß es keine

andere ist, als nur mich von Climenen, von dem, was ich liebe, zu trennen! Ich gehe, zu seinen Füßen zu sterben, oder meinem Unglücke vorzukommen.
PHILIPP. Was wollen Sie machen? Halten Sie doch, gnädiger Herr!
TIMANT. Du hörest es! zu meinem Vater gehen, und ihn fußfällig bitten, seinen Entschluß zu ändern!
PHILIPP. Warten Sie doch nur! Lassen Sie sich sagen: Mein Rücken läuft Gefahr, wenn er erfahren sollte, daß ich Ihnen nur ein Wort gesagt hätte.
TIMANT. Er hat dir verbothen, mir etwas zu sagen? Ach, mein Unglück wird immer größer! Laß mich gehen!
PHILIPP. Er schlägt mich todt –
TIMANT. Was liegt daran? Laß mich gehen! Jede Minute ist kostbar.
PHILIPP. Hmm! Was liegt daran? Und ich sollte ihm noch ein Wort sagen? Nun hat er mich einmal böse gemacht.
TIMANT. Was murmelst du zwischen den Zähnen, Verräther? Ach, du hast gewiß etwas Böses im Sinne! Gesteh es nur, ich will dir alles verzeihen.
PHILIPP. Und was soll ich gestehen, gnädiger Herr? Ohne mich etwa groß zu machen, ich bin ein ehrlicher Bedienter, und habe nicht Böses im Sinne.
TIMANT. Schwöre darauf!
PHILIPP. Nach Ihrer löblichen Gewohnheit würden Sie es nicht glauben, wenn ich und der ganze hochweise Rath Ihnen einen körperlichen Eidschwur wegen unserer Ehrlichkeit ablegten. Doch hier kömmt Herr Damon.

Fünfter Auftritt

Timant, Philipp, Damon.

TIMANT. O mein Freund! Nehmen Sie Theil an meiner Verzweifelung. Ich bin außer mir –
DAMON. In was für einem betrübten Zustand muß ich Sie antreffen? Sie sehen erschrocken aus! Hat Sie ein Unglück betroffen, aus dem Ihnen wahre Freundschaft, mein Vermögen, mein Leben, helfen kann: so sagen Sie es. Kann ich Ihnen beystehen? – Sie schweigen, Sie denken nach.

TIMANT. Ihre Anerbiethungen sind groß! Ich bin Ihnen dafür verbunden.

Zu Philippen, halb leise.

Ich weiß nicht, ob ich ihm trauen und ihm die Sache melden darf.
DAMON. Sie werden auf einmal nachdenkend und kaltsinnig! Sollte ich unglücklich genug gewesen seyn, Sie wider meinen Willen zu beleidigen?
TIMANT. Nein, so viel ich weiß. Ich traue Ihrer Freundschaft. Hören Sie mein Unglück! Mein Vater ist gekommen!
DAMON. Und Sie nennen es ein Unglück, einen Vater zu sehen, den Sie in der That lieben, und den Sie so lange nicht gesehen haben?
TIMANT. Ach! Sie wissen mein Unglück nicht; er ist gekommen, in der Absicht, mich zu verheurathen! Mich von meiner liebsten Climene zu reißen!
DAMON. Was höre ich? Er will Sie verheurathen? Ist es möglich? Er wird Ihnen keine schlechte Partey ausgesucht haben. Und woher wissen Sie diese Nachricht?
TIMANT. Sie sehen bey einer für mich so betrübten Zeitung mehr verwirrt, als gerühret, aus! Mein Schmerz macht keinen Eindruck bey Ihnen. Climenen soll ich verlieren! Und Sie sagen mir den grausamen Trostgrund vor, mein Vater werde mir nichts schlechtes ausgesucht haben! Was soll ich von Ihnen denken?
DAMON. Daß mich Ihr Schmerz wirklich rühret! daß ich suchen werde, Ihren Herrn Vater, der sonst ein Freund von dem meinigen war, auf andere Gedanken zu bringen! daß ich mein Leben aufopfern werde, um meinen Freund glücklich zu machen!
TIMANT. Liebenswürdige Climene, dich soll ich verlieren? Wie reizend ist sie nicht! Sie kennen sie, liebster Freund! Wie bezaubernd sind nicht ihre Blicke! Sagen Sie es selbst.
DAMON. Ja! sie sind es.
TIMANT. Ihre Tugend! ihr Verstand! ihr edles Herz! die großmüthigste Empfindung! alles macht sie vollkommen.
DAMON. Die Liebe verblendet Sie vielleicht auch zu sehr! Sie hat vielleicht einige kleine Fehler!
TIMANT. Was sagen Sie? Climene Fehler! O das können Sie unmöglich ohne Absicht sagen. Sie kennen sie zu gut, um ihre Vorzüge nicht einzusehen! Ihr unschuldiges liebenswürdiges Herz! Doch Sie haben

vielleicht nicht ganz unrecht; vielleicht ist vieles Verstellung; sie hat vielleicht Fehler, die Sie wissen, und ich nicht. Entdecken Sie mir es, liebster Freund; reden Sie offenherzig. Betriege ich mich in der guten Meynung, die ich von ihr habe? Ist ihr Herz nicht so edel, als ich wünsche?

DAMON. Ihr Herz nicht edel! Können Sie dieses von der liebenswürdigsten Person ihres Geschlechtes denken? Beleidigen Sie die vollkommenste Seele nicht mit einem so unwürdigen Verdachte.

TIMANT. Kann man ein so liebenswürdiges Kind verlieren, ohne vor Schmerzen zu sterben?

DAMON. Nein, man kann es nicht.

TIMANT. Sie seufzen, Sie sind gerühret!

PHILIPP. Der gnädige Herr Vater kömmt, und Herr Geronte auch.

TIMANT. O Himmel! Sind sie schon da!

Zu Damon.

Helfen Sie mir auf alle ihre Reden und Gebärden Acht geben.

Sechster Auftritt

Herr Orgon, Herr Geronte, Herr Damon, Herr Timant, Philipp.

HERR ORGON *zu Geronte.* Verzeihen Sie meine Ungedult; ich kann nicht länger warten, ich muß ihn sehen.

HERR GERONTE. Hier steht er schon in Lebensgröße.

HERR ORGON. Ach ja, er ist es! O mein Sohn!

Er umarmt ihn.

TIMANT. Gnädiger Herr Vater! welche unvermuthete Freude!

HERR ORGON. Ich kann mich nicht zurückhalten, ich weine vor Freuden und vor Zärtlichkeit. Nach zehn Jahren sehe ich meinen liebsten Sohn wieder! Ich habe unvermuthet kommen, und dich überfallen wollen, um die Freude größer zu machen.

Zu Geronte.

Verzeihen Sie mir, liebster Freund, wenn ich mich den Empfindungen eines Vaters überlasse. Sie wissen nicht, wie rührend die Freude ist, einen Sohn, der unserer Liebe würdig ist, wieder zu sehen.

HERR GERONTE. Ja, ja, Sie haben einen rechten wackern Sohn: und Sie können mit ihm zufrieden seyn. Wenn er nur weniger altklug und geheimnißvoll thäte: so wäre er recht hübsch. Ein junger Mensch darf immer eher ein Bißchen zu närrisch, als zu klug thun. Nehmen Sie es nicht übel. Ich sage alles heraus, wie ich es denke; ich rede und denke noch nach der alten Welt.

TIMANT *zu Damon.* Ich glaube, sie haben mich alle beyde zum Besten; ich weiß nicht, was ich antworten soll.

GERONTE *zu Orgon.* Dieses ist Herr Damon, ein Freund Ihres Sohnes, und der meinige.

ORGON *zum Damon.* Verzeihen Sie mir, daß ich nicht eher Ihnen meine Ergebenheit bezeuget habe. Wie froh bin ich, daß mein Sohn einen Freund angetroffen hat, dessen Vater mit dem seinigen so genau verbunden war!

DAMON. Ich schätze mich doppelt glücklich.

GERONTE. Keine Complimente, meine Kinder! Heute wollen wir lustig zusammen seyn; und Sie, mein lieber Timant, Sie sehen wieder politisch aus, wie ein Staatsminister. Jagen Sie nur heute einmal Ihre Ernsthaftigkeit fort.

TIMANT. Ich bitte um Verzeihung – Ich bin gar nicht ernsthaft. Die Freude, meinen Vater zu sehen –

ORGON *zu Timant.* Du hast doch ohne mein Vorwissen so glücklich in Freunden gewählet, daß ich darüber entzückt bin. Mein alter Freund, der redliche Geronte, wohnet mit dir in einem Hause. Du kannst keinen angenehmern Umgang haben, als mit ihm, und mit seiner liebenswürdigen Fräulein Tochter. Ich habe sie nur einige Augenblicke gesehen, und bin von ihren guten Eigenschaften bezaubert! Bist Du es nicht auch?

TIMANT *wird verwirrt.* In der That – gnädiger Herr Vater – wirklich – ganz und gar nicht.

PHILIPP *stößt ihn.* Was sagen Sie da?

GERONTE. Nun, was wollen wir hier lange stehen! Kommen Sie zu mir hinauf, da wollen wir zusammen plaudern! Gehen Sie zu!

HERR ORGON. Nach Ihnen!

GERONTE. O ho! was fehlet Ihnen? Man sieht wohl, daß Sie vom Lande kommen. In meinem eigenen Hause Eingangscomplimente mit mir zu machen! Ich mache keine; ich gehe voraus, und will Ihnen den Weg weisen.

Geronte geht ab, Orgon folget ihm, und Philipp geht zur andern Seite hinaus.

Siebenter Auftritt

Timant, Damon.

TIMANT. Bleiben Sie noch ein wenig da! Ich muß mich erst von meiner Bestürzung erholen, ehe ich zur Gesellschaft gehe. Ich habe nöthig, mich zu bedenken, und meinen Plan von der Art zu machen, mit dem ich meinem Vater begegnen will. Er verstellet sich ganz gewiß! Seine Freude schien mir zu groß, um nicht gekünstelt zu seyn. Ich verdiene nicht, daß er mich so sehr lieben sollte! Er hat es ganz gewiß nur gethan, mich treuherzig zu machen.
DAMON. Hören Sie doch einmal auf, sich selbsten zu quälen, liebster Freund! Hören Sie auf, ein Feind Ihrer eigenen Ruhe zu seyn! Kein Mensch suchet, Sie zu hintergehen; Sie selbst hintergehen sich.
TIMANT. Ich! ich betriege mich gewiß nicht! Mein Vater hat gewiß einen gefährlichen Anschlag. Haben Sie nicht bemerket, wie er Climenen lobete, und mich dabey starr ansah? Er sagte, er wäre von ihr entzückt! Sollte das nicht etwas zu bedeuten haben? Sollte er nicht vielleicht selbst mein Nebenbuhler – Doch nein, ich will es nicht hoffen.
DAMON. Und wer kann Climenen sehen, ohne entzückt zu seyn? Wer kann von ihr reden, ohne sie zu loben? Verbannen Sie einmal Ihren quälenden Argwohn.
TIMANT. Sie suchen allezeit, mir meinen Argwohn auszureden; Sie vertheidigen jedermann gegen mich.
DAMON. Also suche ich vielleicht auch, Sie zu hintergehen! Ich weiß es, daß Sie auch in Ihrem Herzen an meiner Freundschaft zweifeln. Ich darf Sie nicht meinen Freund nennen, aus Furcht, Sie möchten es für eine Verstellung halten. Sie betriegen sich, Timant! Sie kennen mein Herz noch nicht, und Sie beleidigen meine Zärtlichkeit.
TIMANT. Verzeihen Sie – Aber was sollen wohl Gerontens Reden bedeuten? Werden Sie ihn auch vertheidigen?
DAMON. Daß er sich verstellet, läßt sich gar nicht denken. Seine übel angebrachte Aufrichtigkeit ist sein größter Fehler; und ich dächte, wenn ein Mensch in der Welt lebt, der fähig ist, die Krankheit Ihres

Gemüths zu heilen, so müßte er es seyn. Verzeihen Sie, wenn ich Ihr Mistrauen nicht anders nennen kann!

TIMANT. Ja, wenn es ohne Ursache wäre, so verdiente es diesen Namen. Aber ich habe zu viel in der Welt gesehen, um nicht argwöhnisch zu seyn. Ich habe Recht, niemanden zu trauen. Der Argwohn ist heute zu Tage eine der nöthigsten Tugenden.

DAMON. Ja, aber wenn er zu weit getrieben wird, wird er das Gegentheil.

TIMANT. Wir müssen zur Gesellschaft gehen. Sie möchten sich vielleicht jetzo gerade beschäftigen, einen gefährlichen Anschlag wider mich zu schmieden; wir müssen sie stören. Glauben Sie mir, mein Freund, daß ich niemals ohne Ursache mistrauisch bin. Ich bin es durch Vernunftschlüsse und durch Nachdenken geworden.

Geht ab.

DAMON. Unglücklicher Freund! – Doch noch tausendmal glücklicher, als ich! Was wird das Glück noch mit uns beyden machen? Armer Damon! leide, schweig, und wenn du unglücklich seyn mußt, so sey es als ein Opfer der Tugend.

Zweyter Aufzug

Erster Auftritt

Damon, hernach Lisette.

DAMON. Ich kann unmöglich länger bleiben, ich würde mich zu sehr verrathen. Himmel! wie reizend ist sie nicht!

Er will abgehen.

LISETTE. Pst! Pst! gnädiger Herr, wo gehen Sie hin? Herr Geronte schicket mich Ihnen nach; er fürchtet, Sie möchten es nicht gehöret haben, wie er Sie zum Mittagessen bath, weil Sie sich von der Gesellschaft abgeschlichen haben. Das gnädige Fräulein hat gleich nach Ihnen gefragt.
DAMON. Climene hat nach mir gefragt? – Ich werde in einigen Minuten wieder bey der Gesellschaft seyn.
LISETTE. Befinden Sie sich etwan nicht wohl, weil Sie sich von der Gesellschaft entfernen? Sie sehen wirklich recht unpäßlich aus.
DAMON. O nein! mir fehlet nichts.

Er will abgehen.

LISETTE. Werden Sie ja nicht krank! Das ganze Haus, und hauptsächlich mein gnädiges Fräulein, würde sich recht darüber betrüben.
DAMON. Climene würde sich um mich betrüben?
LISETTE. Ja, gewiß würde sie sich recht sehr betrüben. Sie stehen in tiefen Gedanken; Sie sehen mir schon seit ein Paar Monaten recht niedergeschlagen aus. Wenn ich wüßte, was Ihnen fehlte!
DAMON. Es ist nichts, als eine gewisse angebohrne Schwermuth und Ernsthaftigkeit. Es wird mit der Zeit schon vergehen.

Er will gehen.

LISETTE. Meinem gnädigen Fräulein geht es eben so.
DAMON *kömmt näher.* Was hat Climene von mir gesagt? Ich habe es nicht recht verstanden.

LISETTE. Ich sagte nur, daß es meinem gnädigen Fräulein wie Ihnen geht. Sie ist tiefsinnig, zerstreuet, seufzet immer, liebet nichts, als die Einsamkeit. Es muß entweder eine natürliche angebohrne Schwermuth seyn, wie die Ihrige, oder sie ist heimlich verliebt.

DAMON. Sie seufzet? Du hältst sie heimlich verliebt? glücklicher Timant!

LISETTE. O! Sie sagen das mit einem so schwermüthigen Tone daß Sie mich ganz weichherzig machen. Aber, warum nennen Sie Timanten glücklich? Ich glaube nicht, wann Fräulein Climene verliebt wäre, daß er es gerade wäre, der ihr Seufzen und ihre Schwermuth verursachte. Wer weiß, ob sie nicht jemand anders, den Sie wohl kennen, heimlich liebet?

DAMON. Sonst jemand, den ich kenne, sollte Climene heimlich lieben! Das ist unmöglich! Und wer sollte denn der glückliche seyn? Etwan Clitander?

LISETTE. Sie spaßen. Trauen Sie doch meinem Fräulein einen bessern Geschmack zu. Den süßen Herrn, dessen größtes Verdienst die Unverschämtheit ist, und der alle Frauenzimmer in sich verliebt glaubet, weil er selbst in sich verliebt ist.

DAMON. Sollte es Euphemon seyn?

LISETTE. Was? Der steife Schwätzer? der nichts kann, als dem Frauenzimmer die Hände küssen, und der uns bisweilen mit seinem Wortgepränge und mit seinen abenteuerlichen Bücklingen plaget? Possen!

DAMON. Ist es Dorant, Nicander, Myrill?

LISETTE *schüttelt zu allen, die er nennt, den Kopf.* Aber ich sehe schon, Sie errathen es nicht; und Sie sollten es doch am ersten errathen können. Nein, Sie müssen besser rathen. Ach! wenn Sie wüßten, was ich wüßte.

DAMON. Was würde mir es helfen? Ich beneide den, der von Climenen geliebet wird, ohne ihn errathen zu können.

LISETTE. Sie würden vielleicht nicht so schwermüthig seyn; Sie würden auch niemand beneiden, wenn Sie das Herz meines Fräuleins so gut kenneten, als ich.

DAMON. Was sagest du, Lisette? Ich würde nicht schwermüthig seyn; ich würde keinen Menschen beneiden? Fahre fort, ich beschwöre dich darum, fahre fort!

LISETTE. O ich bin verschwiegen; ich plaudere die Geheimnisse meines gnädigen Fräuleins nicht aus. Aber rathen Sie noch einmal: wen liebet Climene wohl?

DAMON. Ach! quäle mich nicht; ich weiß nicht, was ich sagen soll.
LISETTE. Ich weiß es selbst nicht recht. Aber das weiß ich wohl, daß Fräulein Climene oft im Schlafe einen Namen gennenet hat – Rathen Sie einmal, wessen? – Sehen Sie mich starr an – Nun rathen Sie! – Sie erröthen. O, nun haben Sie es errathen.
DAMON. Was soll ich aus diesem allen schließen? Climene verliebt! Nein, es kann nicht seyn. Ich wäre zu glücklich. Sage es heraus, sage, liebste Lisette, welchen Namen sie gennenet hat.
LISETTE. Sie wären zu glücklich, sagen Sie? Und Sie verlangen noch den Namen zu wissen? Sie stellten sich doch fast gar zu einfältig; verstellen Sie sich nicht mehr. Nun hilft es nichts! Glauben Sie nicht, daß ich es Ihnen schon lange angemerkt habe, daß Sie mein Fräulein lieben? Da hätte ich für ein Kammermägdchen sehr einfältig seyn müssen! Sie haben sich einmal verrathen; und wenn Sie nicht offenherzig sind, so will ich der ganzen Stadt unsere Unterredung erzählen.
DAMON. Ja – ich habe mich verrathen; ich kann dir nun die Regungen meines Herzens nicht mehr verbergen; ich liebe Climenen! Ich liebte sie von dem ersten Augenblicke an, da ich sie sah. Ich wußte schon damals, daß sie mein Freund liebte. Ich suchte, meine Leidenschaft zu unterdrücken: aber eine für mein Herz zu starke Macht zwang mich, sie ohne Hoffnung zu lieben. Dieß war die Ursache meiner Schwermuth! Ich entschloß mich, einen Trieb, den ich nicht aus meinem Herzen jagen konnte, doch so wohl darinnen zu verbergen, daß niemand, als ich, jemals etwas von meinem Unglücke hören sollte. Der Himmel weiß, wie viel ich dabey gelitten! Ich würde auch jetzt eher sterben, als es entdecken; wenn ich nicht einige schwache Hoffnung hätte, Climenen vielleicht einmal lieben zu können, ohne die Tugend und Freundschaft zu beleidigen. Orgon will seinen Sohn verheurathen. Wenn das geschieht, so kann ich mein Herz Climenen ohne Laster antragen. Ach! schon der Gedanke eines so großen Glücks entzücket mich!
LISETTE. Also weiß Climene selbst noch nichts von Ihrer Liebe? Ich hätte doch geglaubt, Sie hätten es ihr entdeckt!
DAMON. Nein, ich schwöre es dir! Ich gab mir die größte Mühe, es ihr zu verhehlen. Aber antworte mir einmal! Climene, die liebenswürdige Climene, sagest du, liebet! Ist es möglich, daß sie Mitleiden mit dem schwermüthigen Damon hat? Ist es möglich, daß sie bisweilen an mich denkt? Daß sie mich, wenn ich erblassen sollte, bedauern

würde? Daß sie vielleicht mein Herz des ihrigen würdig schätzte? Daß mein Kummer vielleicht eine stille mitleidende Thräne von ihren himmlischen Wangen herablocken könnte! Ach! Himmel! sollte ich so glücklich seyn?

LISETTE. O wenn ich mich nicht irre: und ich irre mich selten: so sind Sie noch glücklicher, als das. Aber was wollen Sie denn nun mit Ihrer Liebe anfangen? Wollen Sie sich Climenen noch nicht entdecken?

DAMON. Nein, das kann ich nicht eher thun, als bis mein Freund außer Stande ist, sie mehr zu besitzen. Ich wäre ihres Herzens nicht werth, wenn ich es thäte. Was würde mein armer Freund nicht von mir sagen können? Ich bedaure ihn! Ich schließe aus meiner Liebe zu Climenen, wie groß sein Schmerz seyn muß, wenn ihn sein Vater zwingt, sich mit einer andern zu verbinden. Warum kann ich denn nicht glücklich seyn, ohne meinen Freund unglücklich zu sehen? Müssen alle meine Freuden mit einem unüberwindlichen Schmerze vermischt seyn? – Doch nein, ich murre nicht über mein Glück! Climene liebt mich! das ist genug, um froh zu sterben!

LISETTE. O fallen Sie nicht wieder in Ihre Schwermuth! Ich weiß nicht, was ich von Ihnen denken soll.

DAMON. Nimm dieß kleine Geschenk, und sage niemanden ein Wort von dem, was du aus mir herausgelocket hast; Climenen am allerwenigsten.

LISETTE. St! St! sie kömmt; wohin laufen Sie?

DAMON. Ich kann in der Gemüthsverfassung, in der ich bin, unmöglich unter ihre Augen treten. Ich würde meinen Freund, die Tugend, mich selbst vergessen: ich muß meine Zärtlichkeit zu besänftigen suchen, um ruhig zu scheinen. Wie reizend ist sie nicht! und sie liebt mich! O Tugend! ich hätte nicht geglaubt, daß du meinem Herzen so schwer werden könntest!

LISETTE *sieht ihm nach.* Habe ich es nicht gesagt, daß ich es herausbringen würde? Still! hier kömmt die andere.

Zweyter Auftritt

Climene, Lisette.

CLIMENE. Damon geht weg, da er mich kommen sieht! Ich möchte wissen, was ihm Ursache giebt, meine Gesellschaft auf eine unhöfliche Art zu fliehen. Das hätte ich mir nicht von ihm versehen.
LISETTE *bey Seite.* Sie ist empfindlich: das ist schon ein gutes Zeichen.

Zu Climenen.

Ach! der arme Damon hat Ursache genug, Sie zu fliehen.
CLIMENE. Ursache, mich zu fliehen! Was muß er sich in den Kopf gesetzet haben? Er muß sehr empfindlich seyn; mit meinem Willen habe ich ihn gewiß nicht beleidiget. Ueber was beklaget er sich denn? Er hat gar keine Ursache, mich zu fliehen.
LISETTE. Er hat ihrer nur allzuviel, ob Sie ihn schon nicht beleidiget haben! Ich glaube, daß er sich nicht allzuwohl befindet.
CLIMENE. Er befindet sich nicht wohl! und du hast ihn so gehen lassen? Geschwind, bring ihm das Fläschgen mit ungarischem Wasser. Warum hast du es mir nicht eher gesagt? So geh doch geschwind!
LISETTE. Ach! das ungarische Wasser wird ihm nicht für seine Krankheit helfen! Es fehlet ihm nirgends, als an der Seele; und da kann ihm keine Arzeney helfen. Haben Sie es nicht schon lange bemerket, daß er von Tage zu Tage schwermüthiger wird, blaß aussieht und immer seufzet? Ich habe recht Mitleiden mit ihm. Ist es nicht Schade um einen so hübschen Menschen, daß er seine Jugend so traurig zubringen muß? Ich möchte weinen, so oft, als ich ihn ansehe. Ich glaube, er lebet nicht lange mehr.
CLIMENE. Der arme Damon! Ich habe seine Schwermuth gemerket. Aber warum sollte er denn sterben? Er wird sich schon wieder erholen. Nicht wahr, Lisette. Er wird sich wieder erholen?
LISETTE. Bemerken Sie nur, wie er immer übel aussieht.
CLIMENE. Nun, ich habe doch noch nicht gemerket, daß er sehr übel aussieht! Ich wäre doch neugierig, die Ursache seiner Schwermuth zu wissen.

LISETTE. Und ich wollte lieber, daß ich ihm helfen könnte! Der arme Mensch! Ich weiß nicht, was ihm fehlet. Wie er aus der Stube kam, standen seine Augen voll Thränen.

CLIMENE. Voller Thränen?

LISETTE. Ja, er wandte die Augen schmachtend gen Himmel und seufzete. Er sagte mir, die hiesige Luft wäre ihm nicht gesund, und er wollte diesen Ort auf ewig verlassen.

CLIMENE. Das ist eine wunderliche Einbildung! Warum sollte die Luft hier nicht gesund seyn? Aber warum seine Augen voll Thränen gestanden sind, möchte ich wissen.

LISETTE. Das müssen Sie ja schon öfters an ihm bemerket haben! Er kann ja fast seine Schwermuth nicht bergen. Er sieht recht aus, wie eine verwelkende Blume. Ich bleibe dabey, er lebet nicht mehr lange; es ist Schade um ihn. Er hätte das Glück seiner künftigen Gemahlinn machen können. Er ist so zärtlich in der Freundschaft: wie würde er es nicht erst in der Liebe seyn? Glücklich die, die einmal ein so gutes Herz einnehmen kann! Aber es ist umsonst; der Tod wird ihn verhindern, eine Gemahlinn glücklich zu machen.

CLIMENE. Der Tod! Ist er denn so krank?

LISETTE. Was fehlet denn Ihnen, gnädiges Fräulein? Sie reiben sich die Stirne.

CLIMENE. Nichts! es ist mir nur etwas in die Augen gefallen. Kömmt Damon heute nicht wieder?

LISETTE. Ja, er kömmt wieder, wenn er nicht Ihretwegen ausbleibt.

CLIMENE. Meinetwegen? Und welche Ursache, mich zu hassen, habe ich ihm gegeben?

LISETTE. Ach! er würde Sie nicht fliehen, wenn Sie ihm nicht zu viel Ursache gegeben hätten, Sie zu lieben. Er liebet schon seit langer Zeit; und es war die Ursache seiner Schwermuth. Weil er aber weiß, daß Sie sein Freund Timant liebet, so hat er seine Liebe zu verbergen gesucht. Er glaubte, die Pflichten der Freundschaft und der Tugend verböthen ihm, Ihnen sein Herz zu entdecken, und vielleicht fürchtet er auch Ihren Zorn.

CLIMENE. Er sollte mich lieben? – Hat die Damon aufgetragen, mir alles dieses vorzutragen?

LISETTE. Nein, gnädiges Fräulein: aber ich dachte nur so.

CLIMENE. So schweig! Ich will nichts von Liebe reden hören. Sage mir nichts von dem Damon!

LISETTE *bey Seite*. Oho, das ist noch ein Anfall von dem Stolze eines jungen unerfahrenen Mägdchens. Wenn Sie befehlen, gnädiges Fräulein; von was soll ich denn reden? von Timant?

CLIMENE. Von gar niemanden, wenn es dir beliebt. Timant wäre ganz artig, wenn er nur sein seltsames und mistrauisches Wesen ablegte. Er ist doch viel freymüthiger, und nicht so geheimnißvoll, wenn er in Gesellschaft ist.

LISETTE. Er! Wer ist denn dieser Er? gnädiges Fräulein! wenn ich fragen darf.

CLIMENE. Er! sein Freund Damon! Du bist heute sehr dumm.

LISETTE *bey Seite*. St! sie findet sich getroffen. – Sie haben mir verbothen, nicht von dem Damon zu reden.

CLIMENE. Ja! wenn es aber wahr wäre, was du vorher sagtest: so würde ich mich bey allem meinem Zorne nicht entbrechen können, ihn hoch zu achten. Aus Liebe zu seinem Freunde will er lieber ein Opfer seiner Schwermuth seyn, als mir seine Liebe gestehen! Großmüthiges Herz – Aber ich glaube es nicht! Woher weißt du es denn?

LISETTE. Ja! wenn Sie mir nicht verbothen hätten, von ihm zu reden.

CLIMENE. Antworte auf meine Frage! Und das sollte die Ursache seiner Thränen gewesen seyn?

LISETTE. Eben das wird vielleicht auch seines Todes Ursache seyn; wenn Sie ihm nicht einige Zeichen von Zärtlichkeit geben, die ihn ein wenig beruhigen können.

CLIMENE. Nein! Zärtlichkeit darf er von mir nicht hoffen, aber Freundschaft, Hochachtung. Der arme Damon! Er dauert mich! Es ist mir lieb, daß er nicht da geblieben ist.

LISETTE. Sie seufzen!

CLIMENE. O laß mich gehen!

LISETTE. St! hier kömmt sein argwöhnischer Nebenbuhler.

CLIMENE. Komm, laß uns fortgehen! Doch nein! er hat uns schon gesehen, und er möchte wieder allerhand seltsame Schlüsse daraus machen, wenn wir fortgiengen. Jetzo kömmt er mir gerade zur ungelegenen Zeit.

LISETTE *bey Seite*. Es geht gut! Habe ich es nicht gesagt, daß ich es herausbringen würde? Es gehöret Kunst dazu, einem solchen Paare die Geheimnisse seines Herzens abzulocken.

Dritter Auftritt

Climene, Lisette, Timant, Philipp.

TIMANT. Endlich kann ich doch den glücklichen Augenblick finden, Sie zu sprechen, gnädiges Fräulein! Endlich kann ich doch ohne die Aufseher, die allezeit auf uns lauschen, einige Worte mit Ihnen reden. Ich würde mich glücklich deswegen schätzen: aber alle Ihre Minen, alle Ihre Blicke, geben mir zu verstehen, daß Ihnen meine Gegenwart beschwerlich ist.

CLIMENE. Es ist mir allemal viel Ehre, in Ihrer Gesellschaft zu seyn.

TIMANT. So kaltsinnig, so verdrießlich antworten Sie mir. Sie wissen, daß ich Sie liebe, daß ich Sie anbete, und Sie können so grausam gegen mich handeln? Was muß wohl die Ursache Ihrer Sprödigkeit, und meines Unglücks seyn?

CLIMENE. Ich habe Sie schon gebethen, mir nichts von Ihrer Liebe vorzusagen! Ich werde allemal mit Vergnügen bey Ihnen seyn, wenn Sie die Sprache eines Freundes, und nicht eines romanenhaften und mistrauischen Liebhabers im Munde führen werden.

TIMANT. Was kann Sie abhalten, meiner Liebe Gehör zu geben?

CLIMENE. Die Schuldigkeit einer Tochter, ein natürlicher Trieb zur Freyheit, ein Herz, das für die Freundschaft empfindlich, aber für die Liebe nicht gemacht ist. Das ist genug!

Sie will abgehen.

TIMANT. Bleiben Sie, gnädiges Fräulein! Ich will fortgehen, wenn ich Ihnen beschwerlich falle. Aber das glauben Sie nicht, daß mich Ihre List verblendet. Nein, das alles ist es nicht, das Sie gegen mich fühllos machet. Eine andere Leidenschaft, die Ihr Herz eingenommen hat, ist Schuld daran. Sie bemühen sich umsonst, es mir zu verbergen; ich weiß es gewiß.

CLIMENE. Und wenn Sie es gewiß wissen; warum verfolgen Sie mich mit Ihrer Liebe?

TIMANT. Sie begegnen mir zu heftig; es muß Sie jemand angehetzt haben. O wüßte ich den Störer meiner Ruhe!

CLIMENE. Das weiß ich, daß Sie sich bemühen, die meinige zu stören.

Timant und Climene gehen zornig auf und ab, ein jeder auf seiner Seite.

LISETTE *zu Philipp.* Sie sind heute, wie ich sehe, alle beyde sehr übel aufgeräumt.

PHILIPP *zu Lisetten.* Sie zanken sich so hitzig, als wenn sie schon Mann und Frau wären.

LISETTE. Mein gnädiges Fräulein hat auch dießmal wider ihr Gewissen geredet, als sie von ihrer Unempfindlichkeit sprach.

PHILIPP. So machen es alle Mägdchen. Hast du etwas erfahren?

LISETTE. Still! Ich will dir es hernach sagen. Sieh nur an, wie sie so trotzig auf- und abgehen; und jetzo bleiben sie stehen.

TIMANT. Könnte ich nur den Namen meines Nebenbuhlers erfahren! Sollte es Clitander oder Euphemon seyn? Antworten Sie mir! An wem soll ich mich rächen! Wer hat Ihr Herz gegen mich unempfindlich gemacht?

CLIMENE. Hören Sie mich an, Timant; und lernen Sie besser von meinem Herzen urtheilen: aber ich bitte Sie darum, unterbrechen Sie mich nicht. Weder Clitander, noch Euphemon hat mein Herz gegen Sie verhärtet. Nein, die Vernunft und die Sorge für Ihr eigenes Glück haben es gethan. Glauben Sie mir, wenn ich Sie auch liebte; wenn Sie auch mein Herz und meine Hand besäßen: Sie würden deswegen nicht glücklich seyn; weil Sie immer das Gegentheil fürchten würden. Glauben Sie mir, wir sind nicht für einander gemacht. Sie wollen mich nicht allein gegen sich empfindlich machen; Sie wollen haben, daß ich gegen alle andere Menschen unempfindlich, menschenfeindlich seyn soll. Die unschuldigsten Reden und Handlungen legen Sie auf das schlimmste aus. Sie quälen sich selbst, und werden alle Ihre Freunde mit dieser Gemüthsart quälen. Ich zähle mich darunter; ich schätze Sie hoch; ich verehre Ihre Verdienste; Sie wollen bey meinem Vater um mich anhalten. Es steht Ihnen frey; ich werde meinem Vater gehorchen: aber ich sage es Ihnen noch einmal, wir schikken uns nicht zusammen, und wir würden einander unglücklich machen – Ich empfehle mich Ihnen, bis auf wiedersehen.

Climene und Lisette gehen ab; die letzte läßt ein Papier fallen, das Timant begierig aufhebt.

Vierter Auftritt

Timant, Philipp.

TIMANT. Undankbare! Es ist ganz gewiß, daß sie völlig mit mir brechen will. So kaltsinnig hat sie mir noch nie begegnet: doch nun werde ich hinter diese Geheimnisse kommen. Dieses Papier, das Lisetten entfallen ist, enthält gewiß wichtige Dinge. Vielleicht werde ich daraus erfahren, wer mir diese Begegnungen und die lange Rede, mit der mich Climene abgewiesen hat, zuwege gebracht hat.
PHILIPP. Wie ein Liebesbrief ist es eben nicht zusammen gelegt! und wozu soll Lisette die Briefe ihres Fräuleins bey sich tragen?
TIMANT. Das verstehst du nicht. Sie hat ihn vielleicht jemanden zustellen sollen, oder hat ihn von jemanden bekommen.

Er liest.

Von mir Endes unterschriebenen ist für das gnädige Fräulein Climenen an Schneiderarbeit verfertigt worden.
PHILIPP. Ha, ha, ha, ein hübscher Liebesbrief! Es ist ein Conto vom Bögeleisen, der Climenen Leibschneider.
TIMANT. Du siehst, daß es doch etwas ist, das Climenen angeht. Es sind doch Worte dabey, die mir bedenklich vorkommen.

Er liest weiter.

Für Verfertigung eines neuen Steifrocks – Es könnte doch etwas anders unter diesen Worten stecken.
PHILIPP. O ja, Meister Bögeleisen ist gar ein verschlagener Mann! *Bey Seite.* Es ist zum toll werden.
TIMANT. Für Ausbesserung eines grünen Schnürleibes, den 7. Jan. 8 Groschen. Für Verfertigung eines rosenfarbenen Unterrockes, den 10. Jan.
PHILIPP. Eines rosenfarbenen Unterrockes! Bedenkliche Worte!
TIMANT. Was hast du, worüber du verstohlener Weise lachest? Gesteh es!
PHILIPP. O! ich lache nur über Meister Bögeleisens artige Art, die Sachen zu beschreiben.

TIMANT. Ich kann bey allem dem aus diesem Zettel noch nichts nehmen. Es muß eine List dabey seyn, die über meine Begriffe geht.
PHILIPP. Ueber die meinigen geht sie wahrlich auch.
TIMANT. Gerade fällt mir es ein! Geschwind bringe ein Licht.
PHILIPP. Und zu was für einem Gebrauche?
TIMANT. Thu, was ich dir sage! Es können auf dem Rande, an diesem Papiere, das wir nur für ein Schneiderconto halten, die wichtigsten Sachen mit Essige oder Zitronensafte geschrieben seyn. Das wollen wir durch das Licht sehen. Geschwind bringe eins.
PHILIPP *für sich*. Man wird ihn wahrhaftig noch anlegen müssen. Was das nicht für Einfälle sind!

Geht ab.

TIMANT *allein*. Sollte nicht etwan in den Anfangsbuchstaben eines jeden Wortes etwas stecken? I, V, M, E, U, I, ich kann unmöglich etwas heraus bringen.
PHILIPP. Hier ist schon ein Licht.
TIMANT. Geschwind! her.

Er hält das Papier über das Licht.

Auf diese Art müssen die mit Zitronensafte geschriebenen Buchstaben braun werden. Siehst du noch nichts?
PHILIPP. Ich sehe wahrhaftig nichts!
TIMANT. Ich auch nicht: doch sieh! sieh her! mich dünkt, es fängt an, braun zu werden.

Das Papier brennet an; Timant wirft es schreyend hinweg.

Ach, was für ein Unglück!
PHILIPP. Zur Strafe Ihrer Neubegierde haben Sie ein Paar gebrannte Finger bekommen.
TIMANT. Ach! diese wollte ich gern leiden, wenn nur das Papier nicht verbrannt wäre. Sahest du nicht, wie es braun wurde? Ganz gewiß war etwas wichtiges darhinter verborgen. Wer weiß, was ich für eine Zusammenverschwörung wider mich darinnen entdeckt hätte! Aber du hast es aus Bosheit gethan; du bist Schuld, daß es verbrannt ist. Wer weiß, wer dich bestochen hat!

PHILIPP. Still! gnädiger Herr, hören Sie nur jetzo auf. Der gnädige Herr Vater kömmt; und es wäre doch wohl wider die Höflichkeit, Sie in seiner Gegenwart auszulachen.

Fünfter Auftritt

Herr Orgon, Timant, Philipp.

HERR ORGON. Bist du allein, mein Sohn? Es ist mir lieb, dich einmal besonders sprechen zu können. Ich habe dich lange nicht gesehen. O wie viel habe ich dir nicht zu sagen! Ich muß mein ganzes Herz vor dir ausschütten. Wie hast du denn gelebt, seit dem ich dich nicht gesehen habe? Wie gefällt es dir hier? Es freuet mich, daß ich überall Gutes von dir höre.

TIMANT. Ich bin von Ihrer Liebe und Zärtlichkeit auf das Aeußerste gerühret.

Zu Philippen.

Er muß bey allen diesen Fragen eine Absicht haben.

HERR ORGON. Du bist nunmehr schon lange erwachsen; du bist mein einziger Sohn; ich wollte alles in der Welt geben, um dich glücklich zu machen. O! wie wollte ich mich erfreuen, wenn ich einmal eine liebenswürdige Schwiegertochter bekommen, und in euch beyden das Bild meiner Jugend wieder sehen könnte! Du wirst blaß und siehst verwirrt aus! Hast du dir schon etwas ausgesehen? Nun, ich weiß, daß du dir nichts ausgesehen haben wirst, das uns Schande machen könnte. Entdecke mir dein Herz; sey gegen mich nicht mistrauisch; ich bin dein Vater; niemand kann dich mehr lieben, als ich. Sage mir, wen du liebest?

TIMANT *verwirrt.* Glauben Sie ja nicht – gnädiger Herr Vater, daß die Liebe – an meiner Verwirrung Schuld ist. Man hat Ihnen vielleicht etwas zu meinem Nachtheil berichtet – und Sie wollen mich bestrafen –

Zu Philippen.

Seine Zärtlichkeit hätte mich fast gerühret; ich muß mich in Acht nehmen; ich weiß seine Absicht noch nicht.

HERR ORGON. Mir sollte etwas zu deinem Nachtheile berichtet worden seyn! Nein, liebster Sohn, glaube es nicht; ich traue dir alles Gutes zu. Die Liebe ist ja kein Fehler, dessen sich ein Jüngling zu schämen hat. Eine vernünftige Leidenschaft zeiget allezeit ein gutes Herz an. Gesteh mir nur deine Gesinnungen frey. Ich weiß, daß es hier in der Stadt liebenswürdige Schönen giebt. Zum Exempel, was ist Fräulein Climene, die hier im Hause wohnt, nicht für ein verständiges, gesittetes Mägdchen! Sie ist reich, sie ist schön; ihre Blicke, ihre Reden, ihre kleinsten Handlungen zeigen ein vortreffliches Herz. Wie glücklich wird ihr Bräutigam nicht seyn?

TIMANT *zu Philipp.* Himmel! ich sehe, mein Argwohn war gegründet.

HERR ORGON. Du schweigst, und redest leise mit deinem Bedienten? Fürchtest du dich denn, mir dein Herz zu entdecken? Du betrübest mich. Kannst du glauben, daß ich es nicht gut mit dir meyne; so bist du meiner Liebe nicht werth. Bist du etwan schon versprochen? Gesteh es nur! ich bekräftige alles zum voraus; ich verzeihe dir alles; sey nur einmal offenherzig gegen mich!

TIMANT. Ich bin noch nicht versprochen; das kann ich Sie versichern. Ich rede ja offenherzig; ich fürchte nur – ich fürchte, es möchte uns jemand belauschen.

HERR ORGON. Es ist niemand da, als Philipp. Rede nur frey! Willst du mir die Freude machen, dich glücklich durch eine liebenswürdige Gattinn zu sehen? Oder bist du zum Ehestande nicht geneigt? Du hast in allem deine Freyheit. Sage selbst, habe ich deine Neigungen jemals zwingen wollen? Entdecke mir dein Herz nur!

TIMANT. Gnädiger Herr Vater, dieser Schritt ist so wichtig, daß ich unmöglich mich so entschließen kann, ob ich heurathen oder ledig bleiben soll. Ich bin dem Ehestande nicht feind.

HERR ORGON. Also willst du dich verheurathen?

PHILIPP *stößt ihn.* Ja, so sagen Sie doch ja.

TIMANT *zu Philipp.* Ach, ich hätte mich fast zu bloß gegeben! *Zu Orgon.* Ich bin noch zu nichts entschlossen. In einem Paar Tagen kann ich vielleicht mehr Vorsichtigkeit anwenden, und meinen Entschluß entdecken. Zürnen Sie mir nicht!

HERR ORGON. Auch damit bin ich zufrieden! Bedenke dich, thu, was du willst; ich bin mit allem zufrieden, wenn ich dich nur glücklich sehe. Ich will zur Gesellschaft hineingehen; ich gehe gar zu gern mit dem alten ehrlichen Geronte und mit seiner Fräulein Tochter um.

Das Mägdchen hat so was bezauberndes an sich, das mich selbst rühren würde, wenn ich in deinen Jahren wäre. Was dünket dich davon?

TIMANT *verwirrt.* Daß – daß alles wahr ist – alles, was Sie belieben.

Bey Seite.

Welche Marter!

HERR ORGON. Es ist schon ein Mägdchen, dem ich einen Bräutigam wünschete, der ihrer werth wäre. Ich bin recht von ihren Verdiensten entzückt. Du redest nicht, als wenn sie dir gefiele: Es ist mir leid, daß du nicht so eingenommen von ihr bist, als ich. Ich hatte sonst eine gewisse Absicht, eine Absicht, die ich dir schon einmal sagen werde.

TIMANT. Mit Climenen!

HERR ORGON. Ja, mit Climenen! Ich kann dir nichts verbergen. Ich hatte sie dir zur Braut zugedacht: aber du redest, als wenn sie dir nicht gefiele. Gesteh es, liebest du sie? und erzürne mich nicht durch Verstellungen und Mistrauen.

TIMANT. Ob ich sie liebe? Climene ist reizend! Es kömmt alles auf sie an; ich verstelle mich nicht; ich würde strafbar seyn, wenn ich so vieler Güte nicht trauen wollte. Und –

PHILIPP. O nun wird es einmal herauskommen.

HERR ORGON. Fahre fort!

TIMANT. Und ich – ich bitte mir unterthänig nur einige Stunden Bedenkzeit aus – ehe ich antworten darf.

HERR ORGON. Alles, was du willst, will ich auch. Bedenke dich, ich verlasse dich auf kurze Zeit, um zu der Gesellschaft zu gehen.

Orgon geht ab.

PHILIPP *läuft ihm nach, und saget ihm.* Er liebet sie auf mein Wort. Handeln Sie, als wenn er alles gestanden hätte.

Sechster Auftritt

Timant, Philipp.

TIMANT. Was hast du mit meinem Vater für Geheimnisse auszumachen? Was soll dieß leise Reden bedeuten?

PHILIPP. Um des Himmels willen, gnädiger Herr! was fangen Sie an? Sie lieben Climenen, sie wird Ihnen angebothen, und statt Ihrem Herrn Vater die Freude zu machen, die Wahrheit zu sagen, antworten Sie ihm so, daß er nicht weiß, wie er mit Ihnen daran ist.

TIMANT. O! mit wie vieler Freude hätte ich das Anerbiethen angenommen, wenn ich gewußt hätte, ob ich trauen dürfte, oder ob nicht eine heimliche List darhinter steckete! Die zärtliche Art, mit der mein Vater sprach, hatte mich fast gerühret; ich hätte mich fast verrathen. Aber die Klugheit kam mir zu rechter Zeit zu Hülfe. Ehe ich mich entdecke, muß ich erst die Gedanken meines Vaters besser zu ergründen suchen. Ach, er hat sich nur zu bloß gegeben! Alles, was ich gefürchtet habe, ist wahr. Hast du nicht gemerket, wie er bisweilen zornige Blicke auf mich warf?

PHILIPP. Das habe ich nicht gemerket. Und wenn es auch wäre; welcher Vater würde nicht zornig werden, wenn ein Sohn so mit ihm umgienge? Ich weiß gar nicht, wie man ihm eine schlimme Absicht zutrauen kann.

TIMANT. Kann er sich nicht verstellt haben, um mir heraus zu locken, ob ich Climenen wirklich liebe, und um mich von hier zu schicken, wenn er die Wahrheit erfahren hätte? Es ist nicht das erste mal, daß Väter gegen die Kinder so verfahren sind. Du bist nur zu unerfahren in der Welt, um das zu wissen. Was sollten die Entzückungen bedeuten, wenn er von Climenen sprach? – Ein Mann von seinen Jahren. Aber unterdessen ist es doch gewiß, daß er mein Nebenbuhler ist, und daß alles, was er thut, darauf abzielet, mich von ihr zu reißen. Hast du nicht bemerket, wie er sie zuvor angesehen hat? Für einen Schwiegervater ist seine Zärtlichkeit gegen sie zu groß! Wie wohl habe ich gethan, daß ich mich nicht entdecket habe. Ich will hineingehen, und mehr von meinem Unglücke zu erfahren suchen. Ach! ich weiß es gewiß, daß ich nur zu viel erfahren werde. Wenn nur das Papier nicht verbrannt wäre; das könnte mir in vielem Licht geben.

Geht ab.

PHILIPP. Was da nicht für Geduld dazu gehöret, mit einem solchen Herrn umzugehen! Ich bin zu ehrlich für ihn; er ist eines so guten Bedienten nicht werth. Wer zu mistrauisch ist, verdienet, betrogen zu werden.

Dritter Aufzug

Erster Auftritt

Herr Geronte, Climene.

GERONTE. Sage mir nur, was du haben willst? warum du auf einmal so traurig geworden bist, und warum du seufzest, seit dem ich dir die Nachricht gegeben habe, die dir angenehm seyn sollte?
CLIMENE. Wie sollte ich meine Thränen zurückhalten? Wie sollte es mir angenehm seyn können, mich von einem geliebten Vater zu trennen, und einem herrischen und melancholischen Bräutigame zu folgen?
GERONTE. Armes Kind! du kannst dich nicht recht verstellen. Es fällt dir nicht so schwer, den Vater zu verlassen, als dem Bräutigame zu folgen! Das ist jetzt eine Sache, die bey den Mägdchen nicht gewöhnlich ist! Die würden zehn Väter um einen Bräutigam geben. Was misfällt dir denn aber an dem Timant? Warum widersetzest du dich meinem Willen?
CLIMENE. Ich? Mich Ihrem Willen widersetzen? Gnädiger Herr Vater, das ist noch nie geschehen, und das wird mein Herz niemals zulassen. Ich gehorche Ihnen; ich bin bereit, Timanten zu heurathen. Ich bin gehorsam; aber verzeihen Sie mir, wenn ich es nicht ohne Thränen seyn kann.
GERONTE. Ja, zum Henker! das eben nenne ich Ungehorsam, wenn du niedergeschlagen und traurig bist. Wenn du mir mit Widerwillen das Vergnügen machen willst, das ich von dir verlange: so thu lieber gar nicht, was ich haben will. Ich weiß wohl, daß Timant bey allen seinen guten Eigenschaften einen gar seltsamen Sparren hat: aber was schadet das? Es ist oft um desto besser für eine Frau, wenn der Mann so ein wenig närrisch ist. Sein Vater ist mein alter Freund, und wir wollen ihn schon nach unserm Geschmacke ziehen.
CLIMENE. Ach! sein mistrauisches Wesen wird ihm niemand von uns abgewöhnen.
GERONTE. Genug ist es, ich thue es zu deinem Besten, daß ich dich mit ihm verheurathe. Hältst du mich für zu dumm, dir eine gute

Partey auszusuchen, oder für feindselig gegen dich? Glaube mir, meine Tochter, wenn du in meinem Alter seyn wirst, so wirst du auch so denken, als wie ich. Man kann nicht in allen Sachen seinem Kopfe folgen.

CLIMENE. Ich glaube alles, was Sie mir sagen, gnädiger Herr Vater. Aber ach! mein Herz saget es mir, daß ich mit Timanten unglücklich seyn werde.

GERONTE. Schlage dir nur diese schwermüthigen Grillen aus dem Kopfe. Wenn du eine rechtschaffene Tochter seyn willst: so ist es noch nicht genug, den Willen deines Vaters zu thun; du mußt auch freudig und willig thun, was er von dir haben will; und du mußt nicht dazu weinen. Schäme dich; du hältst das Schnupftuch vor die Augen, und bist schon so groß; oder glaubest du, daß es sich so gehöret, und daß es Mode ist, daß die Bräute weinen müssen? Sey zufrieden, meine Tochter! Rufe alle deine Stärke zusammen, und beruhige dich.

CLIMENE. Ja, ich will gehorchen, ich will mich beruhigen, wenn es möglich ist. Verzeihen Sie meine Thränen, verzeihen Sie, wenn ich auch jetzo noch nicht meiner Schwermuth Einhalt thun kann. Das ist das erstemal, daß ich Ihnen ungehorsam gewesen bin. Ich will mich aber überwinden; niemand soll die Schwachheit meiner Thränen erfahren. Seine Pflicht erfüllen, ist einem edlen Herzen allemal ein Vergnügen. Verzeihen Sie mir, wenn ich mich von einer Schwäche habe überwinden lassen. Ich bin bereit, Ihren Willen zu erfüllen, und Timanten die Hand zu geben. Ja, was noch mehr ist, ich bin bereit, es standhaft und mit heiterem Gesichte zu thun.

GERONTE. Recht so, meine Tochter! so gefällst du mir. Du redest wie ein Buch so schön. Hier kömmt dein Schwiegervater.

CLIMENE *bey Seite*. Armer Damon, verzeihe mir, ich leide mehr, als du!

GERONTE. Was murmelst du? Du fängst ja schon wieder an, zu weinen. Schäme dich nur vor meinem alten Orgon.

CLIMENE. Verzeihen Sie mir, ich gehorche.

Bey Seite.

40 Sey standhaft, armes Herz, du bist doch einmal zu lauter Unglücke bestimmt.

Zweyter Auftritt

Orgon, Geronte, Climene, hernachmals Timant.

ORGON. Stöhre ich Sie vielleicht, so will ich mich den Augenblick entfernen. Gespräche, die Fräuleinsachen betreffen, müssen nicht unterbrochen werden.
GERONTE. Possen! Wenn ich etwas mit meiner Tochter geheim zu reden hätte: so würde ich dich selber fortgehen heißen. Ich habe sie von der Gesellschaft geführt, um ihr von dem, was wir beschlossen haben, Nachricht zu geben.
ORGON. Sollte mein Sohn so unglücklich seyn, daß diese Nachricht eine Ursache der Traurigkeit wäre, die ich in Ihren Blicken sehe? Gnädiges Fräulein, Sie haben geweint – Fürchten Sie sich nicht, mir es zu entdecken, wenn Sie etwan einen Widerwillen gegen meinen Sohn haben sollten. Ich habe ihn lieb: aber ich würde aufhören, ihn zu lieben, wenn er die Neigungen eines Frauenzimmers durch die Gewalt der Aeltern zu zwingen Willens wäre. Ich weiß gewiß, er denke, wie ich; und er wird lieber durch Ihren Verlust unglücklich werden, als Sie durch eine unüberlegte Leidenschaft unglücklich machen wollen.
GERONTE. Was das nicht für Geschwätz ist! Sie muß, und wenn sie auch nicht wollte: doch ich weiß, sie will. Sie ist ein gutes Kind; nicht wahr, du willst?
CLIMENE. Ja, gnädiger Herr Vater, ich bin bereit, Ihnen zu gehorchen. Glücklich, daß ich eine Gelegenheit finden kann, Ihnen zu zeigen, wie viel die kindliche Liebe Gewalt in meinem Herzen hat!

Zu Orgon.

Auch Sie, gnädiger Herr, sind nun mein Vater! Erlauben Sie mir, Sie mit allem dem Vertrauen einer Tochter anzureden. Verzeihen Sie denen Thränen, die Sie vielleicht, wider meinen Willen, bemerket haben. Es ist allezeit für ein junges Frauenzimmer ein schwerer Entschluß, sich in einen andern Stand zu begeben, den es noch nicht kennet. Ich werde vermuthlich meinen Vater verlassen müssen: Urtheilen Sie also, ob die Schwachheit, die ich durch Weinen begangen habe, zu entschuldigen ist?

ORGON. Ich bin recht bezaubert. Wie glücklich ist mein Sohn nicht! Wie glücklich bin ich, daß ich Sie meine Tochter nennen kann! Wie wird er sich nicht erfreuen, wenn er so eine fröhliche Nachricht hören wird, die er sich noch nicht vermuthet.

GERONTE. Wie, hast du es ihm noch nicht gesagt, daß du um meine Tochter für ihn angehalten hast?

ORGON. Nein, ich habe es ihm noch nicht gesagt; ich habe wohl von etwas dergleichen mit ihm gesprochen. Du weißt, wie er ist, daß man seine wahren Gedanken nicht leicht aus ihm herauslocken kann.

GERONTE. Ja, zum Henker! das heiße ich wunderlich genug! Du weißt nicht, ob dein Sohn meine Tochter haben will, und hältst doch um sie an. Wenn nun alles unter uns richtig ist, so wird er närrische Einfälle haben; die werden alles verderben.

ORGON. Ich weiß aber, daß er deine Fräulein Tochter liebet. Er thut gewiß, was ich haben will; er ist ja sonst so wunderlich nicht.

GERONTE. Wenn du das sagest, so kennest du deinen eigenen Sohn nicht. Er hat ja bisweilen so seltsame Grillen und Einfälle, daß man sich zu Tode ärgern möchte. Neulich giengen wir mit einander durch eine enge Straße. Er lief entsetzlich, weil, wie er sagte, die engen Straßen zu Spitzbübereyen sich am besten schikken. Ich laufe ihm nach; er läuft noch ärger. Wie er endlich nicht mehr laufen konnte, und wir auf dem freyen Markte waren: so gestand er mir, daß er meinem Bedienten nicht getrauet hätte, weil er ein verdächtiges Gesicht habe. Er balbiret sich allezeit selber, aus Furcht, sein Bedienter möchte ihm die Kehle abschneiden. Siehst du nicht dort seine Stubenthüre? die allezeit mit einem Dutzend Vorlegeschlössern versehen ist, und an der er alle Ritzen mit Papiere verklebet hat. Einer von meinen guten Freunden, der mich besuchen wollte, gieng neulich nahe bey seiner Thüre vorbey. Er sprang heraus und fieng Händel mit ihm an, weil er glaubte, er hätte lauschen wollen, was in seiner Stube geredet würde. Und du sagest, er wäre sonst nicht eben wunderlich.

ORGON. So sehr mich meines Sohnes Thorheiten schmerzen, so wollte ich sie alle ruhig anhören. Es wäre mir lieb, sie alle zu wissen, um zu seiner Besserung mehr Waffen wider ihn zu haben. Aber in Gegenwart einer Person, die in kurzem seine Braut seyn wird –

CLIMENE. Verzeihen Sie mir, daß ich Sie unterbreche, gnädiger Herr Vater, ich weiß alle Fehler des mir bestimmten Bräutigams. Ich leugne es nicht, daß mir sein Mistrauen misfalle und mich betrübet.

Aber da ich doch einmal für ihn bestimmt bin, so halte ich es für meine Schuldigkeit, seine Fehler zu vertheidigen. Die Pflicht einer vernünftigen Frau ist, die Fehler ihres Gemahls allen anderen zu verhehlen, ihm aber alles offenherzig zu entdecken, und ihn zu bessern zu suchen. Das wird jetzo meine Absicht, das wird meine Pflicht werden. Statt mich abzuschrekken, erfreuet mich die Gelegenheit, meine Schuldigkeit auszuüben. Die Ermahnungen eines so verehrungswürdigen Vaters, und meine Bitten, werden ihm vielleicht die Fehler abgewöhnen, die wirklich nicht seinem Herzen, sondern seiner Einbildung, zuzuschreiben sind.

ORGON. Wie vernünftig redet sie nicht! Wie liebenswürdig macht sie nicht ihre Tugend! Erlauben Sie mir, daß ich Sie mit Freudenthränen umarme. Ich darf es ja thun; Sie sind ja meine Tochter. Ich bin recht entzückt, wenn ich ein so edles Herz finde.

Er umarmt sie. Timant, der gerade in diesem Augenblicke sich hinten in der Scene sehen läßt, erschrickt und bleibt stehen.

GERONTE. So recht, meine Kinder, umarmet euch!

ORGON. O mein Sohn kann unmöglich mehr von Ihnen entzückt seyn, als wie ich! So einer Frau wird er nimmer werth.

GERONTE. Das wäre alles gut: aber daß Timant noch nichts von der Sache weiß, geht mir in dem Kopfe herum! Er möchte närrische Streiche anfangen, wenn er es nicht erfährt.

ORGON. Ach! sey nur zufrieden, ich will es ihm schon sagen.

GERONTE. Nun, so kommt hinein. Bey Tische soll alles richtig werden. Ich will deinen Sohn bitten; es soll schon alles gut gehen. Komm mit!

Geronte und Orgon gehen ab.

Dritter Auftritt

Timant allein, kömmt zerstreuet und erschrocken hervor, hernach Philipp.

TIMANT. Was habe ich gesehen? Was habe ich gehöret? Darf ich meinen Augen, darf ich meinen Ohren trauen? O Himmel! Ja, dein Unglück ist gewiß! Verfolgter Timant, zu was bist du noch bestimmt?

Grausamer Vater! Treulose Climene! Verrätherischer Geronte! Ach, ich bin außer mir!

Er wirft sich in einen Lehnstuhl.

Was wollten wohl Gerontens letzte Worte sagen? Bey Tische soll alles richtig werden – Vielleicht will man mir dort das Geheimniß von meines Vaters Heurath entdecken! Wie soll ich mich dabey verhalten? Und sollte etwan sonst ein Geheimniß darunter verborgen seyn?

Er sitzt in tiefen Gedanken.

PHILIPP. Gnädiger Herr! – Er sitzt wieder in seinen Grillen begraben da, und höret mich nicht. Gnädiger Herr! – Er höret mich nicht. Ich muß nur warten, bis er ausgeträumet hat.

Er stellet sich hinter seinen Stuhl.

TIMANT *ohne ihn zu sehen.* Sollte denn die Sache so geheim haben zugehen können? Sollte nicht Damon etwas davon wissen? Ach, ich bin ganz betäubet von diesem Zufalle! Was habe ich nicht alles zu fürchten! Was hat Geronte für Anschläge? – Ich zittere, wenn ich nur daran denke – Unmenschlicher Vater! So hinterlistig mit mir umzugehen! Ich bin voller Wuth.

PHILIPP. Nun glaube ich im Ernste, daß er im Schlafe redet. Gnädiger Herr!

Er zieht ihn beym Rocke; Timant springt erschrocken auf und zieht den Degen.

TIMANT. Was willst du, Meuchelmörder? – Bist du es, Philipp?

PHILIPP *zitternd.* Ach, ach, gnädiger Herr, ich weiß fast selbst nicht, ob ich es bin: so haben Sie mich erschreckt!

TIMANT. Verzeihe mir! – Ich bin von der Gewißheit meines Unglückes, das ich erst recht erfahren habe, so verwirrt, daß ich nicht weiß, was ich thue. Nun weiß ich es, daß ich Recht gethan habe, meinem Vater meine Gedanken nicht zu entdecken. Nun weiß ich, daß ich Recht gehabt habe, wie ich ihn in Climenen verliebt glaubte.

PHILIPP. Ihr gnädiger Herr Vater? In Climenen verliebt? Warum hätte er sie dann Ihnen angetragen?

TIMANT. Warum? Um mich auszuforschen, mich zu bestrafen, mich zu entfernen. – Vielleicht ist es auch aus einer billigen Vorsorge geschehen, um meiner Leidenschaft vorkommen zu können, die jetzo wirklich lasterhaft gegen eine Stiefmutter wäre.

PHILIPP. Gegen eine Stiefmutter! Wer? Wo? Was sagen Sie?

TIMANT. Climene, die treulose Climene ist es nun. Es ist sicher, daß sie mit meinem Vater vermählet ist.

PHILIPP. Mit Ihrem Vater, der erst seit einigen Stunden hier ist? Um des Himmels willen, gnädiger Herr, wer setzet Ihnen solche Possen in den Kopf?

TIMANT. Du glaubest es wiederum nicht. Ja, ich würde es auch nicht glauben, wenn ich nicht mit meinen eigenen Augen gesehen hätte, daß er sie umarmet hat: wenn ich nicht selbst gehöret hätte, daß er ihr die zärtlichsten Sachen von der Welt vorsagte; daß er mich bey ihr zu verkleinern suchte; daß er sagte, ich wäre ihres Herzens nicht werth, und das mit so viel bedeutenden Blicken, mit so einer freudigen Zärtlichkeit, die mich rasend machte.

PHILIPP. Das haben Sie alles gehöret?

TIMANT. Ja, und noch mehr als das. Sie fürchten sich vor meiner Verzweifelung. Geronte hauptsächlich scheint sich zu scheuen – Bey dem Essen wollte er mit mir alles richtig machen – Ich will ihm nichts Böses zutrauen; aber, aber wenn ich mistrauisch wäre, so hätte ich Ursache zu dem entsetzlichsten Verdachte – Hast du mein gewöhnliches Mittagsessen schon vom Speisewirthe geholet?

PHILIPP. Ich komme eben deswegen her, um zu fragen, ob ich es holen soll? Aber es wird ganz gewiß nicht nöthig seyn. Sie speisen ja oben bey dem Herrn Geronte. Aber sagen Sie mir doch noch, was für ein Unglück Sie so außer sich selbst bringt. Ich bin recht erschrocken! Es kann unmöglich etwas Wahres an dem seyn, was Sie mir da vorsagen. Ich glaube, Sie scherzen. Es kann Ihr Ernst nicht seyn.

TIMANT *geht auf und ab.* Ach, wenn ich es nur nicht zu gewiß wüßte! – Ganz gewiß hat Damon. Wissenschaft davon – Wenn mir nun das Geheimniß entdeckt wird; wie soll ich mich dabey aufführen? Gelassen – Ja, das wird das Beste seyn. Aber werden sie meine Gelassenheit nicht für verstellt halten? Wer wird es wohl über sich nehmen, mir die Nachricht zu geben, die sie sich mir zu geben fürchten? Gerontens letzte Worte kann ich nicht aus dem Gedächtnis bringen: Bey Tische soll alles richtig werden! Was ist das, das richtig werden soll? – Meines Vaters Heurath? Die ist es ja schon. Ich will den Geronte für einen ehrlichen Mann halten: aber gegen mich hat er eben nicht so gehandelt. Mein Vater kann mir durch diese Heurath mein Vermögen nicht entziehen. Sollte Geronte nun der niederträchtigen Absicht, alles seiner Tochter zuzuwenden – Nein, ich will es nicht glauben. Ansehen dazu ist freylich da. Unglücklicher Timant! Was sollst du thun?

PHILIPP *der ihm nachläuft und seine Gebärden nachmacht.* Er hat ganz gewiß das Fieber; ich sollte wohl zu einem Arzte laufen. Ich habe Ihnen lange zugehöret, gnädiger Herr, ohne Sie zu unterbrechen. Also soll ich das Essen abstellen?

TIMANT. Warte. Ich glaube, ich thue besser, wenn ich nicht hinauf zu Tische gehe! Ich bin nicht ruhig genug, die Entdeckung dieses Geheimnisses auszustehen. Ich möchte zu hitzig werden, und wenn hernach meine andern Muthmaßungen richtig wären – Gerontens bedenkliche Worte kann ich nicht vergessen – Ich muß der Sache erst gewiß zu werden suchen. Wenn ich Beweis in der Hand habe, so kann ich sie alle beschämen.

Zu Philipp.

Erwarte mich hier! Liegt nicht meines Vaters Brieftasche in diesem Zimmer?

PHILIPP. Ja, gnädiger Herr; was wollen Sie denn damit anfangen?

TIMANT. Ach, ich weiß selbst nicht! Die Sache ist richtig, und ich suche nach Beweis! Doch ich muß einmal zu einer Gewißheit kommen, es koste, was es wolle. Die Briefe gehören ja meinem Vater: Ich darf sie ja lesen, ohne einen so großen Fehler zu begehen – Erwarte mich!

Er geht ab.

PHILIPP. Nun, glaube ich, ist er wirklich rasend! Was muß er wohl gehöret haben, und was hat er vor? Sonsten würde er es einem andern sehr übel auslegen, fremde Briefe zu lesen: aber so geht es. Die vornehmen Leute erlauben sich mehr, als den andern; und wenn einmal eine Hauptleidenschaft eingewurzelt ist: so gilt die Vernunft so viel bey ihnen, als die Ermahnungen einer Bethschwester, die sonst eine Buhlschwester gewesen ist, bey ihrer jungen achtzehnjährigen Tochter gelten.

Vierter Auftritt

Lisette, Philipp.

LISETTE. Ist dein Herr nicht da, Philipp? Oho! du stehst ja so ernsthaft und so tiefsinnig da, als wenn du wirklich an etwas kluges dächtest.

PHILIPP. Ich, tiefsinnig bin ich; das ist einmal mein Fehler. Ich mache es meinem Herrn nach, der auch manchmal so zerstreuet da steht; und ich habe eine Wahrheit ausfindig gemacht, die er mir so leicht nicht glauben wird.

LISETTE. Und was für eine?

PHILIPP. Daß er nicht klug ist. Er wird alle Tage ärger; er hat Träume, die einem Kranken nicht seltsamer einfallen können; und das schlimmste dabey ist, daß er allemal beweisen kann, daß er recht, und ich unrecht habe. O! wenn die Stände nach dem Verstande ausgetheilt würden: so würde ich ganz eine andere Person in der Welt spielen. Ich habe nicht so viel Verstand, als mein Herr; aber mehr gesunde Vernunft.

LISETTE. Pfui, schäme dich, von deinem Herrn so übel zu reden! Mein gnädiges Fräulein ist auch manchmal wunderlich genug! Nun ist sie in den Damon. sterblich verliebt; das habe ich ausgeforschet: und doch will sie ihrem närrischen Vater gehorchen, und deinen närrischen Herrn nehmen. Sie muß den Verstand eben auch verloren haben: aber siehst du, ich bin verschwiegen; ich rede meinem Fräulein nichts Böses nach.

PHILIPP. Ja, ich sehe es. Warum sollten wir arme Bedienten denn auch nicht die Freyheit haben, von unsern Herren übel zu reden! Das Glück theilet seine Gaben wunderlich aus: nur das ist noch das Beste, daß es den mindern Ständen die Freyheit giebt, sich immer über die größern aufzuhalten. Siehst du es nicht, wie es in deinem Hause zugeht! Das Aufwartemägdchen hält sich über die Jungmagd auf, die Jungmagd über die Kammerjungfer.

Er macht ihr eine tiefe Verbeugung.

Du, mein liebstes Lisettchen, lachest dein Fräulein aus! Diese wird eine Gräfinn auslachen, die wieder über irgend eine Prinzeßinn spotten; das ist ein allgemeines Vergnügen!

LISETTE. Du wirst ja alle Tage gelehrter. Ich muß mich oft darüber verwundern. Aber ich hätte dich viel lieber, wenn du nur halb so klug wärest.
PHILIPP. Warum?
LISETTE. Ich will keinen gelehrten Mann haben; sie sind zu eigensinnig, zu wunderlich. Ein Liebhaber, der Verstand hat, ist schon hübsch: aber bey einem Ehemann ist das eine sehr entbehrliche Sache.
PHILIPP. Mein Herr kömmt.
LISETTE. Es ist gut. Ich hätte fast vergessen, daß ich bey ihm etwas ausrichten soll.

Fünfter Auftritt

Timant, Lisette, Philipp.

LISETTE *zum Timant.* Herr Geronte läßt Ihnen sagen, gnädiger Herr, daß er Sie heute Mittag bey Tische erwartet: Ihr gnädiger Herr Vater hat es schon versprochen. Sie werden sich nun bald zur Tafel setzen, wenn Sie hinauf kommen wollen.
TIMANT *der ein Stück Papier in der Hand hält, und verwirrt aussieht.* Man wird sich bald zur Tafel setzen. – Ich habe keine Zeit, es zu überlegen. – Ich bin nicht recht wohl, entschuldige mich; ich habe Kopfweh, und kann nicht zur Mittagsmahlzeit kommen.
LISETTE. Ich dächte, Sie giengen immer hinauf, gnädiger Herr. Das Kopfweh wird Ihnen schon vergehen; ein einziger Blick von meinem gnädigen Fräulein wird Sie gewiß heilen.
TIMANT *zu Philipp.* Bemerkst du ihre Reden, und wie sie mich hinauf zu kommen bewegen will? Hatte ich nicht recht?
LISETTE. Was befehlen Sie?
TIMANT. Nichts, entschuldige mich; ich kann unmöglich kommen; ich bin krank, recht sehr krank. Ich weiß nicht, was ich anfangen soll! Sage es nur, ich werde mich zu Bette legen.
LISETTE. Ich bedaure Sie recht, gnädiger Herr! Der Himmel verleihe Ihnen eine baldige Besserung.

Geht ab.

Sechster Auftritt

Timant, Philipp.

TIMANT. Hole mir geschwind das gewöhnliche Essen beym Speisewirthe. – Ach, ich werde keinen Bissen essen können; so sehr bin ich niedergeschlagen! Ich muß doch zu einem Entschlusse greifen. Wohin soll ich mich wenden? Wo soll ich Hülfe suchen?

PHILIPP. Ihre traurigen Gebärden machen mir fast Lust, eher zum Arzte, als zum Speisewirthe zu laufen. Ermuntern Sie sich, gnädiger Herr! was ist an so ein wenig Kopfweh gelegen?

TIMANT. Ach, mein Kopfweh war eine Erdichtung und eine geschickte Ausflucht, die mir meine Klugheit eingegeben hat. Sieh, hier lies.

Er giebt ihm das Papier.

PHILIPP. Sie wissen ja schon, daß ich nicht lesen und nicht schreiben kann. Woher haben Sie denn das zerrissene Papier?

TIMANT. Ich fand meines Vaters Brieftasche sorgfältig verschlossen: er muß etwas geheimes darinnen verborgen haben; sonst würde er sie so sorgfältig nicht verschließen. Zum Glücke sah ich, daß ein Stück Papier heraus kuckte; ich las einige Worte, wurde begierig, riß es heraus: aber die eine Hälfte konnte ich nicht heraus bekommen, und der Brief zerriß. Er ist von Cleons Hand, der ein alter Freund von meinem Vater ist. Höre, was darauf steht, und sage mir hernach, ob ich noch Unrecht habe, zu glauben, daß mein Vater mit Climenen verheurathet ist. Der Anfang fehlt.

Er liest.

»Ich wünsche, daß so ein liebes Paar recht lange vergnügt mit einander leben könne. Zweifeln Sie nicht an dem Herzen Ihres Herrn Sohnes! Er wird mit allem zufrieden seyn, wenn Sie es haben wollen; und Sie haben Unrecht gethan, ihm Ihre Absichten, wegen Climenen, so lange zu verschweigen. – Ich bin –« Nun! bist du überzeugt? Kannst du noch ein Wort sagen?

PHILIPP. Gnädiger Herr, die andere Hälfte des Briefes könnte vieles erklären. Ich halte, mit Ihrer gnädigen Erlaubniß, den Beweis noch für zweifelhaft. Bedenken Sie nur, daß in einer so kurzen Zeit, als der Herr Vater hier ist –

TIMANT. Wer weiß, wie lange er sich unbekannt aufgehalten hat? Man sieht doch sonnenklar aus diesem Briefe, daß er Climenen liebt. Ich weiß gewiß, daß er schon mit ihr verheurathet ist; und ich soll dem alten Geronte trauen? Wer weiß, was er an mir findet? Es wäre gut für seine Tochter, wenn mein Vater mich enterbte. – Oder wer weiß, was er sonst für Absichten hat? Lisette kam gewiß bloß deswegen hieher, mich durch ihre Schmeicheleyen zum Hinaufgehen zu bewegen.

PHILIPP. Aber was kann Ihnen denn geschehen?

TIMANT. Ach, allerhand! Ich erinnere mich, daß, wie ich zuvor zum Fenster hinaus sah, einer von Gerontens Bedienten aus der nahen Apotheke kam. – Es könnte doch eine heimliche Bosheit hinter seiner Aufrichtigkeit stecken. Ich kann unmöglich trauen! Wenn ich nur erst wüßte, wie ich mich verhalten sollte! Verwünscht sey doch meine Liebe, meine Zärtlichkeit, meine Art, allzuleicht jedermann zu trauen, Geronte, Climene und ich selber!

PHILIPP. Climene!

TIMANT. Ich werde noch gezwungen werden, zu einem ganz rasenden Entschlusse zu greifen.

PHILIPP. Hier kömmt schon fast die ganze Gesellschaft.

Siebenter Auftritt

Orgon, Geronte, Damon, Timant, Philipp.

ORGON. Ich habe gerade eine Nachricht bekommen, die mich recht erschreckt hat. Bist du im Ernste krank, mein Sohn? Du siehst doch so übel nicht aus. –

GERONTE. O Possen! was wird ihm fehlen? Kommen Sie, kommen Sie nur mit zu Tische; das Kopfweh wird Ihnen schon vergehen.

DAMON. Lisette hat uns, glaube ich, nur ein Schrecken einjagen wollen, da sie uns die Nachricht von Ihrer Unpäßlichkeit mit so vielem Ungestüm brachte.

TIMANT. Verzeihen Sie, es ist mir nicht recht wohl: es wird aber nichts zu bedeuten haben. Es ist mir leid, daß ich nicht die Ehre haben kann, Sie bey Tische zu sehen. Es ist mir dießmal unmöglich.

Zu Philippen.

Merke nur darauf, was sie sich für Mühe geben, mich zu überreden, zu Tische zu gehen.
ORGON. Ich dächte doch, es wäre besser, du giengest mit. Wenn deine Krankheit nicht wichtig ist: so ist die beste Cur, in guter Gesellschaft fröhlich zu seyn.
GERONTE. Sie müssen nur nicht daran denken, daß Sie Kopfweh haben. Kommen Sie nur; der Tisch ist schon gedeckt. Lustig muß man seyn, wenn man gesund leben will. Ich will Ihnen über Tische ein Glas Wein zutrinken, das Sie heilen und Sie munter machen soll, und wenn Sie alle mögliche Krankheiten am Halse hätten.
TIMANT *zu Philippen.* Merkest du auf diese listigen Reden! Er verstellet sich!

Zu Geronten.

Es ist mir ganz unmöglich. Verzeihen Sie, ich werde keinen Bissen essen, und noch vielweniger Wein trinken. Ich weiß gewiß, daß er mir schädlich seyn würde.
ORGON. Du machst mir ganz bange. Sollte denn deine Krankheit etwas schlimmes zu bedeuten haben? Wir wollen dich nicht nöthigen, viel zu essen. Komm nur mit herauf, und sieh uns zu.
TIMANT *zu Philippen.* Mein Vater auch! *Zu Orgon.* Verzeihen Sie, gnädiger Herr Vater, ich werde mich zu Bette legen. Es hat nichts zu sagen; es wird schon wieder vorbey gehen.
DAMON. Sollte es nicht rathsamer seyn, nach einem Arzte zu schicken? Er wohnet gleich hier in der Nähe.
TIMANT. Nein, nein, durchaus nicht! geben Sie sich keine Mühe! Ich nehme durchaus nichts ein; ich bin nicht krank. Die Einsamkeit ist für mein Kopfweh die beste Cur. *Zu Philippen.* Was muß hinter diesem Anschlage stecken?
GERONTE. Je nun, so wollen wir Sie auch in der Einsamkeit lassen. Ich will Ihnen einige Essen stehen lassen und herunter schicken, die sich recht für einen Kranken schicken.
TIMANT. Um des Himmels willen nein! Ich bitte Sie recht sehr; denn ich kann keinen Bissen essen. Ich will mich lieber todt schlagen lassen, als essen; ich habe einen Ekel vor allem Essen.

ORGON. Ich kann unmöglich ruhig seyn, so lange ich dich nicht wohl sehe. Ich will hier bey dir bleiben.

TIMANT. Thun Sie mir dieß einzige zu Liebe, und gehen Sie hinauf zu Tische. Es hat nichts zu bedeuten mit meiner Krankheit; gehen Sie nur.

GERONTE. Je nun! so komm, wenn nichts anders zu thun ist! das Essen möchte kalt werden. Kommen Sie!

Er nimmt den Orgon bey der einen Hand, und den Damon. bey der andern.

ORGON. Leg dich zu Bette! Philipp, nimm ihn gar wohl in Acht!

DAMON. Gleich nach Tische werden wir bey Ihnen seyn, um zu sehen, wie Sie sich befinden.

TIMANT. Ich empfehle mich Ihnen.

Orgon, Geronte und Damon gehen ab.

Achter Auftritt

Timant, Philipp.

TIMANT. Hast du es gehört, hast du es gesehen, mit was für einer Verstellung, mit was für Bosheit sie mich haben überreden wollen? Auch Damon war dabey! Ich habe längst vermuthet, daß er von allem weiß! Aber so weit hätte ich nicht geglaubt, daß Menschen Bosheit reichen könne! Treuloser Geronte! Was soll ich thun?

PHILIPP. Nach einem Arzte schicken!

TIMANT. Ja, du hast nicht ganz unrecht. Ich habe zwar heute noch nichts gegessen; ich wüßte nicht, was ich sollte bekommen haben; es müßte in meinen Handschuh etwas gekommen seyn; ich will es nicht hoffen; es kann mir niemand in meine Stube. Ich glaube aber doch, ich thäte wohl daran, wenn ich etwas von dem Gegengifte einnähme, das ich beständig bey mir trage. Wie soll ich es anfangen, mich so vielen drohenden Gefahren zu entziehen? Ich muß doch einmal zu einem verzweifelten Entschlusse greifen!

Er steht in Gedanken.

PHILIPP. Beruhigen Sie sich doch, gnädiger Herr! Es ist mir ganz bange! Hat das Kopfweh irgend ärger zugenommen?

TIMANT. Ja, meine Entschließung ist fest! Ich will fliehen! Ich will mich den Nachstellungen eines grausamen Vaters, des treulosen Gerontens, und des betrügerischen Damon entziehen! Philipp! hole mir geschwind einige Gerichte bey dem Speisemeister, und bestelle mir so heimlich, als möglich, ein Pferd.

PHILIPP. Und ungeachtet Ihres Kopfwehes wollen Sie spazieren reiten?

TIMANT. Ich will mich in ein Dorf begeben, in dem ich am wenigsten ausgekundschaftet werden kann: dort will ich als ein Bauer unbekannt, unglücklich, verachtet, aber doch vor den Nachstellungen der Hinterlist gesichert leben.

PHILIPP. Wahrhaftig, ein schöner Entschluß! Ich habe mir einmal aus einem großen Buche so etwas vorlesen lassen, ich glaube, es heißt Amadis aus Frankreich! Von was wollen Sie denn leben?

TIMANT. Von einigem wenigem Gelde, das ich bey mir trage, von der Arbeit meiner eigenen Hände. Lieber als ein Tagelöhner geboren, lieber Hungers gestorben, als beständig in so großer Gefahr, und unter solchen Leuten zu leben! Mich deucht, daß ich gehört habe, daß ein Werbeofficier sich in einem nahen Flekken aufhält; da will ich mich unterhalten lassen, und mein Leben lieber als ein gemeiner Soldat in einer Schlacht wagen, ehe daß ich es hier als ein feiger und unvorsichtiger Mensch verliere.

PHILIPP. Bedenken Sie doch –

TIMANT. Keine Widerrede! Thu, was ich dir befohlen habe! Bestelle das Pferd, und laß dir, so lieb dir dein Leben ist, ja nichts abmerken. Ich will an alle meine treulosen Freunde schreiben; du sollst ihnen nach meiner Abreise die Briefe bringen. Hole mir nur noch vorher ein wenig Essen. Geh hin, mein lieber Philipp, du bist der einzige Mensch in der Welt, dem ich traue; ich verlasse mich auf dich; hintergeh mich ja nicht! Ich will hinein gehen und geschwind schreiben: doch nein, bringe mir Tisch, Feder und Dinte heraus.

PHILIPP. Warum? Sie können ja in Ihrem Zimmer bequemer, als in Ihrem Saale, seyn.

TIMANT. Nein, man muß sich auf alles gefaßt machen. Du weißt, daß ich die Fenster meiner Stube mit einem Gegitter habe versehen lassen. Wenn ich hier irgend sollte angegriffen werden: so kann ich mich durch das Fenster retten. Hole mir den Tisch! – Ich fürchte immer, dieser Verräther möchte meinen Vorsatz meinen Feinden entdecken; ich muß mir zu helfen suchen.

Er zieht den Degen; Philipp bringt den Tisch.

Philipp! Siehst du diesen Degen?

PHILIPP *zitternd.* Ach, ach, gnädiger Herr, ich sehe ihn, ich sehe ihn! O nun bin ich des Todes!

TIMANT. Diesen Degen will ich dir durch das Herz stoßen, wenn du jemanden meinen Vorsatz entdeckest; und diesen Beutel mit Ducaten sollst du haben, wenn du mir treu bist. Wähle!

PHILIPP. Ach, gnädiger Herr, ich habe schon gewählt! Stecken Sie nur den Degen ein; es thun mir die Augen von seinem Glänze weh!

TIMANT. Nun, so schwöre mir bey allem, was heilig ist, niemanden etwas zu sagen. Tritt näher her, lege die Hand auf den Degen, und schwöre.

PHILIPP. Ich schwöre, ich schwöre bey meiner Ehrlichkeit: bey meinem Kopfe: bey meiner Furcht, ich will verschwiegen seyn, und thun, was Sie haben wollen.

TIMANT. Nun, so geh und hole mir zu essen! So bald ich auf das Pferd steige, sollst du den Beutel haben.

PHILIPP. Ich gehe den Augenblick; ich werde nicht vergessen, das Pferd zu bestellen; ich wünsche Ihnen Glück auf die Reise.

TIMANT. Allein, ich habe doch nicht recht gethan; ich hätte ihn nicht erschrecken sollen. Wer weiß, was er nun thut? Ich sollte ihm wohl nachschleichen: doch nein, es gehe, wie es gehe, ich muß schreiben.

Er setzet sich an den Schreibtisch, schreibt, und liest, was er schreibt, laut; sieht sich aber immer furchtsam dabey um, und springt manchmal erschrocken auf.

Zuerst muß ich an Climenen schreiben!

Er schreibt.

Gnädige Frau Mutter! Wenn ich eher gewußt hätte, daß ich Ihnen diesen Titel geben sollte; so würden Sie die Beschwerlichkeiten, die Ihnen meine allzuzärtliche Liebe verursachet hat, ersparet haben. Ich schreibe Ihnen nicht, um mich über Sie zu beklagen: mein Brief würde sonst zu weitläuftig werden. Eine Zärtlichkeit, wie die meinige, hätte wohl mehr Aufrichtigkeit von Ihnen verdienet. Ich nehme nun auf ewig von Ihnen Abschied. Ich wünsche es selbst, daß mich mein Vater enterben möge, um Ihnen mein Vermögen zu lassen. Leben Sie glücklich, und vergessen Sie Ihren unglückseligen Stiefsohn, Timant. – Das wäre nun genug! Von meinem Vater muß ich nun Abschied nehmen.

PHILIPP. Gnädiger Herr, ich habe das Essen schon fertig gefunden; in einer halben Stunde soll das Pferd hier seyn. Wo soll ich den Tisch decken?

TIMANT. Setze mir das Essen geschwind hieher.

Er steht auf, geht auf und ab, überliest seinen Brief.

PHILIPP *bringt ein Gericht.* Hier ist schon die Suppe: gleich soll mehr kommen.

Geht ab.

TIMANT. Es wird doch im Essen nichts seyn!

Er sieht ernsthaft in die Schüssel.

PHILIPP *kömmt wieder mit einer Flasche Wein.* Wollen Sie sich nicht zu Tische setzen?

TIMANT. Nein, ich habe keinen Hunger. – Versuche doch einmal und sieh, ob diese Speisen recht zugerichtet sind! Ich weiß, du verstehst dich darauf.

PHILIPP *fängt an zu essen.* Recht gut, recht gut, versuchen Sie nur! (Ich will wetten, er glaubet, ich hätte ihm Mäusepulver hineingestreuet.)

TIMANT *nimmt die Flasche.* Der Wein sieht, wie mich dünkt, heute sehr trübe aus.

PHILIPP. Befehlen Sie, daß ich ihn auch versuchen soll?

TIMANT. Ja, versuche ihn, und sage mir, wie er schmecket.

PHILIPP. O vortrefflich! Ihr hohes Wohlseyn, gnädiger Herr.

Er trinkt.

TIMANT. Die Flasche muß nicht recht ausgespület seyn. Mich dünkt, am Grunde bemerke ich etwas trübes. Trink sie nur gar aus; ich will weder essen, noch trinken.

Er geht auf und ab. Philipp ißt und trinkt, und sieht ihm zu.

PHILIPP. Nur aus Mistrauen Hunger leiden, ist eine seltsame Sache. Doch, was geht es mich an? Desto besser für mich!
TIMANT. Was sagest du?
PHILIPP. Nichts, gnädiger Herr; ich war nur mit meiner Flasche beschäfftiget. Dero Vergnügen, gnädiger Herr.

Er trinkt.

TIMANT. Räume hier alles weg, ich will hineingehen, und mich zur Reise fertig machen; ich will unten im Garten auf das Pferd warten, und meine Briefe vollends schreiben, die du übergeben sollst.
PHILIPP. Wenn ich nur kein schlimmes Bothenlohn bekomme!

Geht ab.

TIMANT. Unglücklicher Timant, folge deinem Verhängnisse, und entflieh! Flieh, wenn es möglich ist, in eine Wüste, da du von dem Umgange der Menschen getrennet, den Rest deines traurigen Lebens hinbringen kannst. Dein Herz ist zu gut für die Welt – Doch wer weiß, ob ich mich nicht selbst betriege? Man muß keinem Menschen in der Welt trauen, dem Vater, der Liebsten, dem besten Freunde nicht, sich selbst aber am allerwenigsten.

Vierter Aufzug

Erster Auftritt

Damon. Lisette.

DAMON. Verlaß mich, Lisette!

Er wirft sich in einen Lehnstuhl.

Laß mich wieder zu mir selbst kommen! Meine Schwachheit und meine Verzweifelung wären fast ausgebrochen. Ich weiß nicht, wo ich bin, und eine tödtliche Schwäche benebelt alle meine Sinnen.

LISETTE. Befehlen Sie ungarisch Wasser? Sie erschrecken mich recht! Ich kann es Ihnen nicht verdenken, wenn Sie diese Nachricht bestürzt. Ich bin selbst darüber erschrocken. Aber trösten Sie sich nur. Jetzo ist zur Verzweifelung noch nicht Zeit. Wer weiß, was noch geschieht? Mein gnädiges Fräulein ist ja noch nicht verheurathet; sie liebt Sie, und –

DAMON. Halt ein, ich beschwöre dich darum! Halt ein! suche nicht, mir wieder eine falsche Hoffnung einzuflößen. Die Hoffnung war es, die mein Herz überwältigt hatte, die jetzt an meiner Verzweifelung Schuld ist. Sie ist es, die die Ursache meiner Schwachheit ist, die ich mir selbst vorwerfe. Ich hoffte, geliebet zu seyn. Ich glaubte, Timant würde anderwärts verheurathet glücklich seyn können. Ehe ich hoffte, geliebt zu seyn, hatte ich mich in mein Unglück ergeben. Ich war schon dazu bereit, mein Leben einsam und traurig durch zu seufzen. Ich war fest entschlossen, meine Schwachheit in mich zu verschließen. Aber die Hoffnungen, die du mir gabest, diese annehmlich-grausamen Hoffnungen, die mich einige Augenblicke lang glücklich machten, vermehrten mein Unglück. Ich stellete mir lauter angenehme Sachen vor; ich war in meinen Gedanken der Glücklichste in der Welt; ich saß bey Tische neben Climenen, als unvermuthet Geronte seinen Entschluß, sie mit Timanten zu verheurathen, entdeckte. Ich wurde betäubet; ich glaubte, zu träumen; ich glaubte, zu versinken; ich sah Climenen an; sie gab mir einen Blick, o Himmel! einen unvergeßlichen

Blick! Sie schien gerühret, ich sah eine langsame Thräne – o Himmel, ich kann nicht mehr!

LISETTE. Ich werde bald mit Ihnen weinen. Ich sah es freylich Ihnen allen beyden an, was Sie dachten. Es ist nur gut, daß Sie eine plötzliche Ueblichkeit zum Vorwande brauchten, um hinaus zu gehen. Die Veränderung in Ihrem Gesichte hätte sonst alles verrathen.

DAMON. O Lisette, ich kann es nicht ausdrücken, was ich empfinde! Sie liebt mich, und ich verliere sie. Bald wird sie in andern Armen seyn; sie wird mich vergessen, ich wünsche es. Das ist das letzte, um was ich sie bitten will. Wenn sie mich vergißt, so ist sie vielleicht glücklich. Ich werde sie nicht vergessen. So lange ich lebe, werde ich ihren Verlust beweinen. Ich hoffe, es wird auch nicht mehr lange seyn. Zu sehen wünschte ich sie noch einmal, sie zu sehen, und dann zu sterben. O Climene, liebste Climene, lebe wohl! sey glücklich! glücklich ohne mich! und denke nach meinem Tode bisweilen daran, daß ich dich über alles geliebet habe!

Lisette trocknet sich die Thränen ab.

Du weinst? Der Himmel segne dich wegen deines Mitleidens. Sage Climenen nichts von meiner Verzweifelung; sie möchte sich betrüben. Lebe wohl!

Er will abgehen.

LISETTE. Bleiben Sie doch! Ich kann Sie in diesem Zustande unmöglich weggehen lassen. Rufen Sie alle Ihre Stärke, alle Ihre Tugend zurück. Alle Hoffnung ist noch nicht verloren. Sie redeten ja vorher so herzhaft, Sie hielten sich stark genug, Ihrem Freunde, was Sie liebeten, abzutreten.

DAMON. Ja, du hast Recht, mir meine Schwachheit vorzuwerfen. Ich schäme mich meiner selbst. Ich weiß es, wie niederträchtig es ist, bey seines Freundes Glück aus Neid und Betrübniß zu verzweifeln. Ich bin der Freundschaft, der Tugend, mir selbsten ungetreu: ich bin der unglücklichste der Menschen; und ich bin es werth, ich weiß es. Aber ich kann meinen Schmerzen nicht widerstehen. Ich wäre vielleicht stark genug, meinem Freunde Climenen abzutreten: aber ihren Verlust zu überleben, geht über meine Kräfte.

LISETTE. Und das müssen Sie doch thun! Ich rathe Ihnen, wenn ja etwas aus der Heurath werden sollte, wegzureisen, und mein Fräulein nimmer zu sehen. Sie haben ihr noch nichts von Ihrer Liebe gesagt. Sie hat Ihnen die ihrige verborgen. Suchen Sie sich zu beruhigen, um was Sie lieben, nicht unglücklich zu machen.

DAMON. Ja, du hast Recht! Ich will es thun; ich will es versuchen; ich will standhaft seyn; ich will eher sterben, als mich meiner Schwachheit überlassen.

LISETTE. Das gnädige Fräulein kömmt! Nehmen Sie allen Ihren Muth zusammen.

DAMON. O Tugend! O Himmel! stehet mir nur dießmal bey, helfet mir meinen Schmerz dießmal nur bezwingen, und hernach lasset ihn, mich zu tödten, stark genug werden!

Zweyter Auftritt

Climene, Damon, Lisette.

CLIMENE. Sie sind hier, Damon! haben Sie sich wieder erholet? Ihr plötzlicher Zufall hat uns alle erschreckt.

DAMON. Es ist zu viel Gnade für mich, daß Sie noch einigen Theil an mir nehmen.

Zu Lisetten.

O wie hart wird mir die Verstellung!

CLIMENE. Wollen Sie wieder zur Gesellschaft kommen?

Zu Lisetten.

Wie traurig sieht er nicht aus! Ich kann mich fast nicht länger verstellen.

DAMON. Verzeihen Sie mir, wenn ich Sie verlasse. Die Einsamkeit allein kann vielleicht meine Schmerzen lindern, wenn sie zu lindern sind. Ich werde bald wieder kommen, um Abschied zu nehmen –

CLIMENE. Um Abschied zu nehmen! Wohin wollen Sie dann?

DAMON. Ach – ich weiß es fast selbst nicht: aber ich glaube, daß die Veränderung der Luft bey meinen Umständen nöthig ist.

CLIMENE. Ja, Sie haben Recht – Verreisen Sie; ich rathe es Ihnen selbst – Aber wollen Sie denn schon so bald von hier?

DAMON. Ja, so bald es möglich ist.

CLIMENE. Der Himmel segne Ihre Reise – Seyn Sie so glücklich, als Sie es zu seyn verdienen!

DAMON. Glücklich! Kann ich es in dieser Welt mehr seyn?

CLIMENE *zu Lisetten.* Er rühret mich so sehr, daß ich kaum meine Thränen zurückhalten kann.

DAMON. Nein, ich habe die Hoffnung, glücklich zu seyn, schon längst verloren. Der Himmel gebe Ihnen alles das Glück, das Ihre Tugend werth ist. Er gebe Ihnen alle die Jahre, und alle die Vergnügungen, auf die sich meine Jugend hätte Hoffnung machen können. Leben Sie mit Ihrem Gemahle, mit Timanten, glücklich! Keine Plage und kein Schmerz zertrenne dieses Band – Ich sehe Sie zum letztenmale; zum letztenmale küsse ich diese Hand. Climene, leben Sie wohl, auf ewig wohl!

Er küsset ihr die Hand.

CLIMENE. Damon!

DAMON. Anbethenswürdige Climene!

CLIMENE. Sie weinen – Meine Hand ist von Ihren Thränen benetzt.

DAMON. Ich weine! – Ja, es ist wahr. Climene, Sie sind gerührt – Warum wenden Sie Ihre Blicke von mir ab? – Was sehe ich? Sie weinen – O Schmerz! O Zärtlichkeit!

CLIMENE. Was soll ich Ihnen sagen? – Verlassen Sie mich, Damon! – Fliehen Sie – Leben Sie wohl! – Vergessen Sie mich!

DAMON. Ich verlasse Sie ja schon! – Befehlen Sie mir nur nicht, mich jetzo so schleunig zu entfernen. Vergessen soll ich Sie?

CLIMENE. Ja – Doch nein! Vergessen Sie mich nicht – Ich bin nicht glücklicher, als Sie – Ach! ich habe schon zu viel gesagt – Leben Sie wohl, leben Sie wohl, Damon!

Sie will abgehen.

DAMON. Bleiben Sie, anbethenswürdige Climene, bleiben Sie noch einige Augenblicke hier! – Das sind die letzten Augenblicke, in denen mir mein Leben noch nicht zur Last ist. Wenn diese vorbey sind, dann kömmt Unglück, Schwermuth, Raserey! dann mögen alle mögliche Plagen auf mich zusammen kommen! dann kann mein Unglück nicht empfindlicher werden. Ich kann meine Empfindungen nicht verbergen. Die Liebe sieget über meinen Vorsatz, über die Freundschaft, und über meine Standhaftigkeit. Ich liebe Sie, ich bethe Sie an! Das ist das erstemal, daß ich es Ihnen sage: es soll auch das letztemal seyn. Verzeihen Sie mir, wenn Sie dieses Geständniß beleidiget. Sie sollen die Gemahlinn meines Freundes werden. Es ist mir unmöglich, Sie in fremden Armen zu sehen. Ich verlasse Sie auf ewig, meine Leidenschaft möchte sonst zu stark für meine Tugend werden. Darf ich dem edlen Mitleiden und der bezaubernden Zärtlichkeit glauben, die ich in Ihren Augen bemerkte? Vielleicht würde, wenn ich gegenwärtig wäre, mein Anblick Ihre Ruhe stöhren. Das ist die Ursache meiner Entfernung. Nun habe ich Ihnen mein Herz entdeckt; nun bin ich schon vergnügt. Wenn ich vom Grame verzehret, und erblasset seyn werde: so werden Sie wissen, was die Ursache meiner Schwermuth und meines Todes ist. Nichts bleibt mir übrig, als noch einmal von Ihnen Abschied zu nehmen. Leben Sie wohl! Bedauren Sie mich!

CLIMENE. Bleiben Sie, Damon – Ich bin so schwach, als Sie; ich liebe Sie, und ich schäme mich nicht, es zu gestehen. Die Tugend zu lieben, ist ja kein Verbrechen. Ich habe Sie schon lange hochgeschätzt; aber wenn es möglich ist, daß sich meine Liebe vermehren kann, so geschieht es durch den großmüthigen Beweis Ihrer Liebe, den Sie mir jetzo geben. Ja, verreisen Sie. Fliehen Sie mich, liebster Damon! Sie haben mein Herz geliebet; darum verschonen Sie meine Tugend. Leben Sie wohl! Ich werde Sie auch in der Entfernung ewig lieben, mit einer Liebe, die freylich Sie glücklich zu machen nicht im Stande ist; aber die doch so lange, als mein Leben, dauern wird; mit einer Liebe, die unsere Pflicht und unsere Tugend nicht verletzen kann; mit einer Liebe, die unser Herz nicht erniedriget. Wie viel bin ich Ihrer Großmuth nicht schuldig? Sie geben mir ein Beyspiel einer Liebe, die über alles geht; weil sie sich selbst besiegen kann. Leben Sie wohl! Jetzo ist es Zeit, uns zu verlassen. Leben Sie wohl, liebster Damon, und bedauern Sie mich!

DAMON. O Himmel! wo bin ich? Schmerz, Bewunderung, Zärtlichkeit, tausend Empfindungen, die ich nicht zu nennen weiß, reißen mich hin. O Geschick! mußtest du zwey solche Herzen trennen?

CLIMENE. Ermuntern Sie sich, Damon! Sie haben mir ein Beyspiel einer wahren Liebe und einer wahren Großmuth gegeben. Geben Sie mir auch das Beyspiel einer wahren Standhaftigkeit.

Orgon läßt sich hier sehen, und bleibt hinten in der Scene aufmerksam stehen.

DAMON. Ihre Tugend beschämet mich. Ja, Climene, fahren Sie fort, mich durch Ihre Großmuth und Ihr Zureden über mich selbst zu erhöhen. Flößen Sie mir eine Standhaftigkeit ein, die Ihrer und meiner werth ist, und stärken Sie meine wankende Tugend – Doch ach! verbergen Sie nur diese Thränen; ich kann Ihnen nicht widerstehen; und ich fange an, zu verzweifeln.

CLIMENE. O Damon! wie schwer ist es nicht, bey einem solchen Zufalle standhaft seyn! Aber glauben Sie nicht, daß meine Thränen ein Zeichen einer allzu starken Schwachheit sind. Sie fließen nicht ganz aus Schmerzen. Ihre erhabene Zärtlichkeit mischet Wollust in die Thränen, die ich Ihretwegen vergieße. Es ist gut, daß wir uns verlassen. Nehmen Sie mit dieser Umarmung das erste und letzte Zeugniß meiner Liebe hin. Sie werden mich nicht mehr sehen. Trösten Sie sich! Vergessen Sie mich nicht! Sie werden nie der Meinige seyn; bleiben Sie meiner werth.

DAMON *umarmet sie.* Lebe wohl, göttlich tugendhaftes Herz! Lebe wohl, meine verlorene Hoffnung! In einer bessern Welt will ich dich wieder sehen und wieder umarmen.

LISETTE. Um des Himmels willen hören Sie auf zu weinen! Herr Geronte kömmt; ich höre ihn gehen; trocknen Sie Ihre Thränen ab.

CLIMENE. Nun, Damon, keine Schwachheit mehr! Lassen Sie uns standhaft seyn!

DAMON. Es ist genug! Dieß waren die letzten Thränen der leidenden Tugend.

CLIMENE. Sie weinen noch, Damon! Hören Sie auf, mich zu betrüben!

DAMON. Das waren die letzten Regungen einer unterliegenden Leidenschaft; bald hoffe ich sie durch die Entfernung völlig zu besiegen. Stocket, unglückliche Thränen! Ihr verletzet die Pflicht, und seyd Climenens nicht mehr werth. Ja, Climene, wenden Sie nun Ihre Liebe und Ihre Zärtlichkeit gegen Timanten, gegen Ihren Gemahl. Verbergen Sie Ihre Schwermuth vor ihm; sie möchte ihm zum Mistrauen Anlaß geben. Aber ach! wenn Sie in seinen Armen glücklich sind: so vergessen Sie den traurigen Damon und seine unglückliche Zärtlichkeit nicht ganz.

Dritter Auftritt

Geronte, Orgon, Climene, Damon, Lisette.

GERONTE *zum Damon.* Gehorsamer Diener, befinden Sie sich wieder besser?

Zu Climenen.

Hast du deinen Schwiegervater und deinen Bräutigam nicht gesehen? Ich suche sie alle beyde, wie man eine Stecknadel suchet.
CLIMENE. Diesen Nachmittag habe ich sie noch nicht gesehen.
GERONTE. Wo müssen sie denn seyn?

Orgon kömmt hervor.

Ha, da ist er ja schon. Was Henker machet er? Er wischet sich die Augen aus, als wenn er geweinet hätte. Nun, was giebt es zu weinen? Ist es erlaubt, an einer Hochzeit so trübselig auszusehen? Ich will den Notarius rufen lassen, und heute soll der Contract noch fertig werden.
ORGON. Heute? – Ich wünschte erst meinen Sohn zu sprechen. Ich hielte für rathsam, es noch einige Tage zu verschieben. Wir wollen den Notarius nur nach Hause schicken.
GERONTE. Was das nun nicht für ein närrischer Einfall ist! Ich glaube, du hast nicht recht ausgeschlafen. Deine Augen sehen aus, als wenn du geweinet hättest. Sage mir nur, was dir fehlet, und wohin dein Sohn sich verkrochen hat.
LISETTE. Philipp kömmt, der muß es wissen.

Vierter Auftritt

Geronte, Orgon, Damon, Climene, Lisette, Philipp.

GERONTE. Wo ist dein Herr?
PHILIPP. Mein Herr hat mir aufgetragen, ihn der ganzen Gesellschaft geneigtem Andenken zu empfehlen. Er ist vor einer halben Stunde ausgeritten, und hat mir diese Briefe gegeben, die ich jetzt nach der Ordnung übergeben werde.

Er übergiebt dem Orgon und allen anderen, außer Lisetten, Briefe, mit tiefen Verbeugungen.

GERONTE. Nun, was sollen alle diese Narrenspossen heißen?
LISETTE. Hast du mir nicht auch einen Brief mitgebracht?
CLIMENE *liest.* Gnädige Frau Mutter – Dieser Brief kann unmöglich an mich seyn.
PHILIPP. Belieben Sie nur, ihn ganz hinaus zu lesen.
ORGON. Wache ich, oder träume ich? Was für eine Raserey! Und diesen Brief gab dir dein Herr, daß du ihn mir bringen solltest? Die Aufschrift ist an mich; ich erkenne seine Hand. Sollte er denn unglücklich genug gewesen seyn, den Verstand ganz zu verlieren?
GERONTE. O in diesem Puncte hat er nicht viel zu verlieren gehabt. Was schreibt er denn mir für Teufeleyen? Ich will ihn doch einmal lesen.
ORGON. Hat jemals ein unglücklicherer Vater gelebet, als ich? Lesen Sie nur, was er mir schreibt.

Er giebt den Brief Damon.

DAMON *liest.* Die Grausamkeit der Aeltern kann die Kinder nicht von ihren Pflichten loszählen. Ich folge den meinigen, da ich nun, auf ewig Abschied zu nehmen, Sie nochmals an einen unglücklichen Sohn erinnere. Ich weiß, daß ich kein Recht habe, über die Handlungen meines Vaters zu urtheilen. Ich kann Ihre Heurath mit Climenen nicht misbilligen: aber warum sollte ich durch eine falsche Hoffnung getäuschet werden? Warum hat man gefährliche Anschläge wider mich vor, die ich nicht ergründen kann? Sie werden mich nicht mehr sehen. Sie haben mich unglücklich gemacht: aber Sie haben mir das Leben gegeben. Sie haben nicht als ein Vater gehandelt: aber ich will allezeit bleiben Ihr gehorsamster und unglücklicher Sohn, Timant – O Himmel, was soll diese Verwirrung bedeuten?
CLIMENE. Mir schreibt er als einer Stiefmutter. Ich weiß nicht, was er haben will.
ORGON. Das habe ich nicht zu erleben geglaubet. Wollte Gott, daß ich es nicht erlebet hätte! Ein Sohn, den ich so sehr geliebet habe, schreibt mir auf diese Art und quälet mich mit so bittern Vorwürfen. Der Himmel weiß es, ob ich die Pflichten eines Vaters vergessen habe.

GERONTE *fasset den Philipp an.* Sage geschwind, du Verräther! bist du an allen diesen Narrenspossen Schuld? Ist dein Herr krank, unsinnig oder rasend? Wo ist er hin? Antworte, und sage die Wahrheit, oder du sollst hangen.

PHILIPP. Ach, gnädiger Herr! Barmherzigkeit! Ich will gern alles sagen, was ich weiß. Wo mein Herr aber ist, weiß ich nicht. Daß er unsinnig ist, bin ich in meinem Gewissen überzeugt; daß ich aber nicht Schuld daran bin, will ich beschwören.

ORGON. So sage nur ordentlich, ob es wirklich wahr ist, daß mein Sohn sich erfrechen kann, mir so zu schreiben, und durch was für einen Zufall er so rasend geworden ist.

PHILIPP. Sie wissen es schon, gnädiger Herr, wozu das Mistrauen fähig ist, meinen Herrn zu treiben. Er stellet sich bey allen Gelegenheiten einen Haufen fürchterlicher Sachen vor, und wählet aus seinen Einbildungen allemal die abentheuerlichste, um sie für unzweifelhaft wahr zu halten. Heute hat er sich in den Kopf gesetzt, sein Herr Vater hätte selbst das Fräulein geheurathet; und dazu gab ihm ein Stück von einem Briefe, das er aus der Brieftasche gerissen hatte, Anlaß. Darauf schwatzte er allerhand Zeug von Gefahr und Nachstellungen, entschloß sich, in den Krieg zu gehen, ritt von hier weg, und gab mir diese Briefe zu überliefern.

ORGON. Ist es möglich, daß seine Thorheit so weit gehen kann? Bisher habe ich sein Mistrauen für einen Fehler seines Verstandes gehalten: aber ich fürchte, ich fürchte, es möchte ein Fehler des Herzens seyn.

GERONTE. Ich glaube, es ist ein Fehler des Gehirns. Ich muß doch auch noch einmal lesen, was er mir schreibt.

Er liest.

Mein Herr! Ich verschone Sie wegen der Freundschaft meines Vaters, weil meine Stiefmutter Ihre Tochter ist. Ich will Ihre Bosheit und Ihre Schande verschweigen. (Was zum Henker! mir schreibt er auf diese Art!)

Er liest weiter.

Aber nehmen Sie diese Warnung an; hören Sie auf, mich zu verfolgen, und mir nach dem Leben zu stehen. Ich schreibe Ihnen, um Sie abzumahnen. Sollten Sie aber künftig wieder mit Nachstellungen mich in Gefahr setzen: so werde ich auf eine andere Art mit Ihnen verfahren.

Daß Sie Schuld daran sind, daß mich mein Vater enterbet, verzeihe ich Ihnen: aber weiter gehen Sie nicht, oder fürchten Sie den Zorn Timants.

Geronte läuft gegen die Scene.

Hey Jacob! – oder du bist da, Lisette! laufe geschwind – Ich kann vor Zorn und Aergerniß fast nicht reden.
DAMON. Was treibt Sie denn für eine Hitze? Was wollen Sie thun?
GERONTE. Dem Timant ein halb Schock Häscher nachschicken, die ihn gleich in das Tollhaus bringen sollen. Da soll er lernen, was es heißt, ehrliche Leute bey ihrem guten Namen anzutasten. Mich für einen Meuchelmörder anzusehen!

Zu Orgon.

Verzeih mir, ich bedaure dich: aber dein Sohn hat verdient, gestrafet zu werden.
ORGON. Ich werde diesen Zufall nicht überleben! Grausamer Sohn! unwürdiger Timant! was treibt dich für eine Wuth?
DAMON. Erlauben Sie mir, ihm nachzureiten. Ich will ihn ereilen; ich will ihm die Thorheiten seines Vergehens vorhalten, und ihn zurück bringen, um Sie alle um Vergebung zu bitten. Er schreibt mir auf eben diese Art; er beklaget sich über meine Treulosigkeit; ich muß ihm das Gegentheil erweisen. Versprechen Sie mir nur, daß Sie es ihm verzeihen wollen.
ORGON. Sie sind zu großmüthig, liebster Damon! mein Sohn verdienet keinen solchen Freund; er verdienet kein Mitleiden und keine Vergebung.
GERONTE. Ja, ich will ihm jemand nachschicken!

Zu Orgon.

Es geschieht doch mit Ihrer Bewilligung? Er soll in das Tollhaus gebracht werden.
ORGON. War ich in meinen alten Tagen zu einem solchen Schimpfe bestimmt? – Nein, verzeihe mir! ich kann unmöglich darein willigen. Ich weiß, wie sehr er dich beleidigt hat: aber bey diesem Vorschlage zu seiner Bestrafung würde ich am meisten leiden. Er mag hingehen, wohin ihn seine Raserey führt. Ich ziehe meine Hand von ihm ab; ich enterbe ihn, und will ihn nicht mehr sehen.

DAMON. Er ist aber doch vielleicht so strafbar nicht, als er scheint! Verzeihen Sie ihm, er wird sich mit der Zeit bessern! Nehmen Sie das Herz eines Vaters wieder an!
GERONTE. Ich hätte meine Tochter mit einem hübschen Bräutigame versehen!
ORGON. Meines Sohnes Rasereyen betrüben mich doppelt, weil sie mich des Vergnügens berauben, mich genauer mit dir zu verbinden. – Aber darf ich Fräulein Climenen einen andern und bessern Bräutigam in Vorschlag bringen? Du hattest sie mir für meinen Sohn erlaubt: darf ich für jemand anders um sie anwerben, der ihrer besser werth ist?
GERONTE. Ich bin damit zufrieden, wenn es nur jemand Kluges ist.
ORGON *nimmt den Damon bey der Hand.* Nähern Sie sich, Damon! Mein Sohn ist meiner nicht mehr werth. Nein! denn er verdienet meine Liebe nicht mehr: Sie sollen mein Sohn seyn. Ich kenne Ihre Tugend und Ihre Zärtlichkeit besser, als Sie glauben. Ich schätze Sie hoch; nach meinem Tode gehöret mein Vermögen Ihnen.
DAMON. Verzeihen Sie, daß ich Sie unterbreche! Sie schätzen mich hoch, und biethen mir an, ich solle mir das Unglück meines Freundes zu Nutze machen? Wie wenig kennen Sie mein Herz, wenn Sie denken können, daß ich fähig bin, Ihr Anerbiethen anzunehmen! Ich bin Ihnen dankbar. Aber wenn Sie mich verbinden wollen: so verzeihen Sie Ihrem Sohne.
ORGON. Ich bin von Ihrer Tugend bezaubert: sagen Sie mir aber nichts mehr von meinem unwürdigen Sohne! Nehmen Sie seinen Platz bey der unvergleichlichen Climene ein; empfangen Sie ihre Hand von meinen Händen; Sie sind ihrer werth.

Zu Geronten.

Du bist es doch zufrieden?
GERONTE. Ja nun ja, wenn es meiner Tochter recht ist. Willst du den Damon haben?
CLIMENE. Gnädiger Herr Vater!
GERONTE. Nun, mache fort, sage es heraus.
CLIMENE. Ich werde Ihnen allezeit gehorchen. Ich nehme Damons Hand an, wenn Sie es haben wollen.

Zu Orgon.

Ich küsse die Ihrige, zum Danke für Ihre Güte; und Sie, Damon, was antworten Sie?

DAMON. Daß ich nicht weiß, ob ich wache, oder ob alles dieses ein verwirrtes halb trauriges und halb angenehmes Träumen ist. Sollte ich meinen Freund um seine Geliebte bringen?

ORGON. Sie bringen ihn nicht darum. Er wird sie ohnedieß nimmermehr erhalten, und nimmermehr hieher kommen. Empfangen Sie Climenens Hand.

CLIMENE. Sie zweifeln, Damon!

DAMON *küsset ihr die Hand.* Nein! ich zweifle nicht, ich bin der Ihrige. Und wie soll ich Ihnen beyden antworten, um Ihnen mein Erstaunen und meine Verwunderung darzuthun? Aber ich kann noch nicht ruhig seyn, bis mein Freund Vergebung erhalten hat. Ich bitte Sie darum! Ich beschwöre Sie darum! Bloß mit dieser Bedingung kann ich Climenens Hand annehmen.

ORGON. Wie wenig ist mein Sohn so einer edelmüthigen Freundschaft werth!

Zu Geronten.

Komm mit mir! ich muß mich, um mich zu erholen, ein wenig zu beruhigen suchen. Hernach wollen wir gleich Anstalt zu der Vermählung dieses Paares machen.

GERONTE. Ich gehe mit dir. Der verzweifelte Timant! Mich für einen Giftmischer zu halten! Deswegen war es, daß er nicht zu Tische kommen wollte.

Sie gehen beyde ab.

CLIMENE. Sie sind mehr verwirrt, als erfreuet. Was denken Sie, Damon?

DAMON. Ich bin zwischen tausend Leidenschaften getheilet. Ich kann meine Freude nicht genug ausdrücken; ich liebe Sie mehr, als mein Leben: aber verzeihen Sie mir, ich kann nicht vollkommen glücklich seyn, so lange mein Freund unglücklich ist.

CLIMENE. Wir wollen schon die Väter bereden, ihm zu verzeihen. Kommen Sie mit herein!

Sie gehen hinein.

LISETTE. Nun, Herr Briefträger, diesesmal war deines Herrn Narrheit für Climenen wenigstens gut: sie ist mit dem Damon besser versorgt.

Aber wenn sie deinen Herrn gehabt hätte, und hätte ihn umarmen wollen, so hätte er allemal geglaubt, sie hätte die Absicht, ihn zu erdrosseln. Wie wird es aber nun mit dir aussehen, da dein Herr fort ist?
PHILIPP. O, das weiß ich nicht! Wenn ich kein ander Mittel finde: so ziehe ich ihm in den Krieg nach.
LISETTE. Ja, du schickest dich gut zum Soldaten.
PHILIPP. Warum sollte ich mich nicht dazu schicken? Ich kann fluchen, zuschlagen, Toback rauchen, Schulden machen, und mich mit einem ganzen Dutzend andern –
LISETTE. Herumschlagen?
PHILIPP. Nein, betrinken, und dazu von Schlachten und Morden, trotz dem großen Eisenfresser, schwatzen.
LISETTE. O! da schickest du dich zur Noth gar zum Oberofficier. Ich muß gehen! Auf wiedersehen! Lebe wohl, Held nach der neuen Mode!

Sie geht ab.

PHILIPP. Es ist mir doch bange bey der Sache. Ich weiß nicht, was ich anfangen soll.
TIMANT *hinter der Scene.* Pst! pst! Philipp!
PHILIPP. Wer ruft mich?
TIMANT. Pst! Philipp, bist du allein?
PHILIPP. Ich glaube wahrhaftig, daß es meines Herrn Gespenst ist! Die Stimme kömmt aus seiner Stube; die ist verschlossen, und ich habe ihn fortreiten sehen. – O weh, die Thüre geht auf!

Fünfter Auftritt

Timant, Philipp.

TIMANT. Ist niemand da, Philipp? Um des Himmels willen, verrathe mich nicht!
PHILIPP. Sind Sie es im Ernste? Ich habe Sie fortreiten sehen; und Sie sind wieder da? Sagen Sie mir es geschwind, wenn Sie ein Gespenst sind. Ich habe Ihnen getreu bey Ihrem Leben gedienet, und ich kann nichts dafür, daß man eben den Anschlag gefaßt hat, Sie in ein Tollhaus zu setzen: ich versichere es Sie!

TIMANT. Was? mich in ein Tollhaus zu setzen! Wohin wird endlich noch die Bosheit, die sich wider mich verschworen hat, gerathen? Fürchte dich nicht; ich bin zurück gekommen.

PHILIPP. Also sind Sie es selbst? Der gnädige Herr Vater hat es noch verhindert, sonst wären Ihnen Häscher nachgeschickt worden. Wie ist es aber zugegangen, daß Sie so geschwind zurück gekommen sind?

TIMANT. Ich stieg, wie du gesehen hast, zu Pferde, und war Willens, nicht mehr umzukehren. Als ich aber ungefähr hundert Schritte weit geritten war: so kam ich in eine Straße, in der viele Leute mich scharf ansahen. Ich dachte gleich, es würde Geronte Spionen ausgeschickt haben. Ich nahm allerhand Nebenwege; aber immer begegneten mir Leute, die mich mit einer bedenklichen Mine ansahen. Ich war in der größten Angst, da mir noch dazu einfiel, daß in denen Papieren, die ich in meiner Stube gelassen hatte, etwas stehen könnte, das man schlimm hätte auslegen können. Ich war begierig, zu wissen, ob du auch die Briefe richtig überbracht hättest. Es ist mir nützlich, zu wissen, wie sich meine Feinde dabey aufgeführt haben, und was sie für weitere Anschläge wider mich fassen. Alle diese Betrachtungen bewogen mich, durch allerhand Nebenwege zurück zu eilen. Ich stieg bey der hinteren Thüre ab, und kam glücklich, ohne von einem Menschen gesehen zu werden, in meiner Stube an, und durchsuchte meine Papiere, als ich hier im Saale reden hörete. Ich sah Geronten, meinen Vater, seine Braut, den Damon und dich. Ich konnte aber nichts von eurem Gespräche verstehen. Ich verlasse mich auf dich: mein Leben steht in deinen Händen. Verrathe es nicht, daß ich hier bin! Entdecke mir, was man wider mich für Anschläge hat! Ich muß eilen, damit ich aus diesem verhaßten Ort komme.

PHILIPP. Ich kann Ihnen weiter nichts sagen: Ihr Herr Vater hat sich nicht mit Climenen verheurathet: Damon aber wird sie jetzo heurathen. Ihnen ist die Enterbung zugedacht: Damon und Climene bitten für Sie.

TIMANT. Himmel, welche Nachrichten! Ach, wohin soll ich mich verstecken? ich höre jemand kommen.

PHILIPP. Bleiben Sie immer! Man kann Ihnen doch sonst nichts thun, als Sie in ein Tollhaus setzen.

TIMANT. Ja, ich will hier bleiben, und meinem Unglücke und meinen Feinden Trotz biethen.

Sechster Auftritt

Geronte, Orgon, Damon, Climene, Lisette, Timant, Philipp.

GERONTE. Kommen Sie nur alle mit! Ich will gleich nach dem Notario schicken.

Er erblicket den Timant.

O ho! was sehe ich da! Sie sind hier! Geben Sie sich die Mühe, gleich aus diesem Hause zu gehen! Wenn ich Ihren Vater nicht scheuete: so wollte ich Ihnen etwas anders zeigen! Lernen Sie, wie Sie mit ehrlichen Leuten umgehen müssen! In das Tollhaus, in das Tollhaus, fort mit Ihnen!

Er geht ab.

TIMANT. Ich kann dieses verhaßte Haus in wenig Augenblicken vermeiden: aber Sie, gnädiger Herr Vater, Sie sehen, wie man mit mir umgeht, und können so schweigen!

ORGON. Ich bin dein Vater nicht; deine Thorheiten haben dich meiner unwürdig gemacht. Ich will dich nicht mehr sehen; ich will nichts von dir hören; ich ziehe meine Hand von dir ab, und ich enterbe dich.

Er geht ab.

TIMANT. Unmenschlicher Vater! Sie siegen, grausame Climene!

CLIMENE. Ich will bey Ihrem Vater für Sie bitten. Lernen Sie mein Herz kennen! Ich bedaure Sie, ob es mir gleich lieb ist, von Ihrer Liebe befreyet zu seyn. Lernen Sie durch Ihr Unglück, daß Fehler des Verstandes, wenn sie zu weit gehen, zu Fehlern des Herzens werden.

Sie geht ab.

LISETTE. Mein gnädiges Fräulein hat wirklich recht: und wenn Sie auch mich heurathen wollten, ich, die doch nur ein Kammermägdchen bin, wollte lieber mein Lebenlang eine Jungfer bleiben, als so einen mistrauischen Mann nehmen. Das heißt sich recht verschworen!

Sie geht ab.

TIMANT. Alle Welt verläßt mich, und Sie, falscher Freund?
DAMON. Beleidigen Sie mich nicht, bis Sie mich besser kennen! Jetzo ist es nicht Zeit zu weitläuftigen Freundschaftsversicherungen. Sie sollen sehen, ob ich Ihr Freund gewesen bin. Ich verlasse Sie! Glauben Sie aber, daß, wenn Sie die ganze Welt verläßt, die Freundschaft Ihnen noch die Unbilligkeit Ihres Mistrauens zeigen wird.

Er geht ab.

TIMANT. Thörichte Verstellung! Er glaubet noch, daß ich ihm trauen werde!
PHILIPP. Ich bin Ihnen bisher treu gewesen; aber jetzo würde ich mit meiner Treue nichts anders gewinnen, als Schläge, oder eine Stelle im Tollhause. Ich bitte Sie um meinen Abschied. Sie dauren mich, gnädiger Herr! aber wer selbst an seinem Unglücke Schuld ist, hat nicht Ursache, sich zu beklagen.
TIMANT. Auch du willst mich verlassen? Unglücklicher Timant!
PHILIPP. Ich thäte es gern: aber fast habe ich das Herz nicht. Wenn Sie mir versprechen, anders mit mir umzugehen: so will ich Ihnen überall folgen, und sollte es auch in den Krieg seyn! Ich habe Sie lieb, ob ich schon manchmal ein loses Maul habe. Ich will ein Gefährte Ihres Glückes seyn.
TIMANT. So bist du denn der einzige, auf den ich Recht gehabt habe, mein Vertrauen zu setzen!

Bey Seite.

Ich glaube, er suchet mich zu hintergehen.
PHILIPP. Es ist doch noch nicht alles verloren. Damon ist Ihr wahrer Freund. –
TIMANT. Mein Freund? Und du bist noch so einfältig, daß du seinem Vorgeben glaubest? Er verstellet sich nur. Mein Vater enterbet mich, Geronte drohet mir, Climene giebt mir spitzige Verweise, und so gar Lisette höhnet mich aus. Siehst du, daß ich recht gehabt habe, keinem Menschen zu trauen! Komm herein, ich will mich zur Abreise gefaßt halten.

Fünfter Aufzug

Erster Auftritt

Orgon, Damon.

ORGON. Ich bewundere Sie. Ich weiß nicht, was ich Ihnen antworten soll: aber ich kann nicht thun, was Sie von mir begehren. Durch was hat sich wohl mein Sohn einer so großmüthigen Freundschaft werth machen können?

DAMON. Hat denn Ihr unglücklicher Sohn sich niemals Ihrer väterlichen Liebe werth gemacht? Haben Sie ihn niemals geliebt?

ORGON. Ach! wenn ich ihn nicht allzusehr geliebt hätte: so würde ich jetzt ja nicht so bedaurens- und er nicht so strafenswerth seyn!

DAMON. Und wenn Sie ihn geliebet haben; wenn Sie jemals die Empfindungen eines zärtlichen Vaters, bey dem, was Sie an ihm gefunden, empfunden haben: wie können Sie ihn jetzo so verlassen? Ich leugne nicht, daß er gefehlet hat. Aber ist eine Uebereilung, ist ein Fehler, der aus einer verdorbenen Einbildung herkömmt, nicht zu verzeihen? Es ist ein Fehler, an dem sein Herz bey allem dem keinen Theil hat.

ORGON. Hören Sie auf, ihn zu entschuldigen! Sie mögen sagen, was Sie wollen, sein Herz hat gefehlt, und nicht sein Verstand. Wer glauben kann, daß alle Leute niederträchtig und lasterhaft denken, dessen Gedanken müssen selbst niederträchtig und lasterhaft seyn. Er muß sich des Verbrechens fähig finden, das er andern zutrauet. Eine mittelmäßige Thorheit und ein gutes Herz können beysammen stehen: aber wenn die Thorheit gar zu groß ist, so ist gewiß das Herz selten außer Schuld.

DAMON. Bedenken Sie, daß es eine Eigenschaft eines billigen Richters ist, die Fehler zu bessern. Sie zu bestrafen, muß er sich erst unterfangen, wenn alle Mittel zur Besserung vergebens sind. Sie sind kein Richter, Sie sind ein Vater; und Sie wollen lieber Ihren Sohn bestrafen, als ihn bessern?

ORGON. Ihn bessern? Wie ist es möglich, wenn seine Thorheit schon so weit eingewurzelt ist? Wie kann ich ihn verhindern, mistrauisch zu seyn?

DAMON. Wenn Sie ihm diesesmal alle Ursachen seines gehabten Mistrauens zu nichte machen; dann würde er in sich gehen, dann würde er sein Unrecht einsehen und künftig besser denken.

ORGON. Sie verlangen zu viel. Wie geht es an, die Ursachen seines Mistrauens zu heben? Ich habe ihm keine gegeben. Kurz, es ist unmöglich!

DAMON. Dadurch, daß Sie ihm Ihre väterliche Liebe wieder schenken; dadurch, daß Sie ihn mit Climenen verbinden, wird er gebessert und überzeuget werden. Ergreifen Sie die Gelegenheit, einen Menschen, der es vielleicht verdienet, von einem schädlichen Vorurtheile zu befreyen. Sie sind schuldig, es zu thun; die Menschenliebe befiehlt es. Bedenken Sie es, daß dieser Mensch, dessen Glück in Ihren Händen steht, Ihnen sonst lieb war. Bedenken Sie, daß er Ihr Sohn ist, die Freude und Hoffnung Ihres Alters; Natur und Tugend wollen Sie versöhnen. Beyde reden Ihnen zu, Timanten zu verzeihen. Kann das Bitten der Freundschaft Zähren bey Ihnen wirken: so lassen Sie sich durch mich rühren. Verzeihen Sie Ihrem Sohne: der Himmel will es! Machen Sie ihn glücklich: Ihre eigene Ruhe hängt daran! Vergessen Sie seinen Fehler! Glauben Sie, daß er es ist, der jetzo zu Ihren Füßen liegt, und Sie um Verzeihung bittet!

ORGON. O Himmel! Damon! Was thun Sie? Stehen Sie auf; ich kann vor Verwunderung nicht zu mir selbst kommen. Climenen soll ich dem Timant geben? Und Sie bitten mich darum? Climenens bestimmter Bräutigam?

DAMON *seufzend*. Ja, geben Sie ihm Climenen, ich bitte Sie darum – Verzeihen Sie, daß ich Sie seufzend darum gebethen habe. Ich verliere viel. Ich weiß es. Aber ich kann nicht ruhig seyn, wenn Timant Climenen nicht erhält. Dann hätte er Recht gehabt, auf meine Freundschaft Mistrauen zu setzen; dann wäre ich aller seiner Vorwürfe werth. Dadurch, daß ich Climenen meinem Freunde abtrete, bessere ich ihn; ich mache ihn tugendhaft; ich mache ihn glücklich. Lassen nur Sie sich rühren, lassen Sie sich bewegen, ihm zu verzeihen.

ORGON. Ist es möglich, daß die Großmuth so weit gehen kann? Ich kann es Ihnen nicht verschweigen, ich weiß es, daß Sie Climenen auf das zärtlichste lieben. Ich habe einen Theil einer Unterredung, die Sie vor einigen Stunden mit ihr hatten, angehöret, und Ihrer beider Tugend pressete mir die Thränen aus. Deswegen war es, daß ich Geronten bath, die Verbindung meines Sohnes zu verschieben. Ich könnte mich nicht trösten, wenn ich ein Herz, wie das Ihrige, unglücklich machte. Und Sie, Sie selbst, großmüthiger Freund, Sie selbst sagen Climenen ab? Ich bin bestürzt und gerührt! Sie haben meine Zärtlichkeit gegen Timanten erregt: aber ich kann mich zu nichts entschließen. Ich bewundere Sie, und weiß nicht, was ich Ihnen antworten, ich weiß nicht, was ich denken soll.

DAMON. Also wissen Sie schon alles? Ja, verehrungswürdiger Freund, ja, mein Vater, ich unterstehe mich, Sie so zu nennen, ja, ich liebe Climenen mehr, als mein Leben, aber nicht mehr, als meine Pflicht und meine Tugend. Timant hat sie eher, als ich, geliebet; denn er hat sie eher gesehen. Ich wußte seine Liebe, als ich sie sah, und doch konnte mein schwaches Herz ihren Reizungen nicht widerstehen; es soll dafür bestrafet werden. Sie haben unsern Abschied angesehen. Sie haben die Unschuld unserer Liebe kennen gelernet. Climene liebt die Tugend zu sehr, als daß sie mir nicht Beyfall geben sollte. Sie war für Timant bestimmt, sie soll die Seinige seyn. Machen Sie Ihren Sohn durch Climenens Hand glücklich. Opfern Sie Ihren Zorn der väterlichen Liebe auf, da ich der Freundschaft die stärkste und zärtlichste der Leidenschaften aufopfere. Geben Sie, um ihn ruhig zu machen, ihm Ihre vorige Liebe wieder, da ich mein ganzes Glück für ihn hingebe. Glauben Sie nicht, daß meine Thränen aus Schmerz und aus Schwachheit fließen: sie fließen für einen Freund. Verzeihen Sie ihm! Machen Sie ihn glücklich! Ich beschwöre Sie bey Ihrer eigenen Tugend darum; ich beschwöre Sie bey diesen frommen, menschlichen, mitleidenden Thränen, die ich auf Ihren Wangen sehe! Sie entschließen sich noch nicht?

ORGON. Ja, ich habe mich entschlossen. O Damon! lassen Sie sich umarmen, und Ihre Thränen mit den meinigen mischen. O göttlich tugendhaftes Herz! O entzückende Großmuth! O Tugend, wie groß kannst du die Menschen nicht machen! Ich weine vor Entzücken und vor Schmerzen zugleich. Warum sind Sie denn nicht so glücklich, als Sie es verdienen? Ich bin gerührt, ich bin bezaubert, Ihre Tugend hat gesiegt.

DAMON. Ich danke Ihnen auf das zärtlichste. Also haben Sie Ihrem Sohne verziehen?

ORGON. Ich habe mehr als dieß gethan. Sie als sein Freund wollen eine so große That ihm zu Liebe unternehmen. Was soll ich als ein Vater thun? Alles, was ich thun werde, ist zu wenig, um Ihrer Tugend nachzuahmen. Ich verzeihe ihm. Er hat geglaubet, ich wollte ihn enterben. Ich will ihm mein ganzes Vermögen schon zu meinen Lebzeiten übergeben. Ich will ihm die andere Hälfte des Briefes, der ihm zum Verdachte Anlaß gegeben hat, zeigen, und ihn mit Thränen bitten, mir künftig besser zu trauen. Er wird sich dadurch rühren lassen. Er wird sein Vorurtheil vergessen. Aber Ihnen sollte ich Ihre Braut rauben? Liebster Damon! Nein, meines Sohnes Glück wäre zu theuer erkauft, wenn ich es mit dem Verluste des Ihrigen erwerben sollte.

DAMON. Ihre Zärtlichkeiten sind umsonst. Da ich Climenen nicht erlangen kann, ohne die Freundschaft und die Tugend zu verletzen: so ist es für mich eine Unmöglichkeit geworden, sie zu besitzen. Es ist wahr, ich hatte Climenens Hand angenommen: aber da ich meinen Freund auf ewig von hier entfernt glaubte, so konnte ich der Macht meiner Leidenschaft nicht genug widerstehen. Jetzo ist Ihr Sohn hier: er kann glücklich werden, und ich kann es niemalen seyn; weil ich Climenen entweder verlieren, oder durch einen Fehltritt erkaufen muß. Morgen reise ich von hier ab. Ich werde nicht eher zurückkehren, als bis mein Herz vollkommen frey von seiner Leidenschaft, und so ruhig seyn wird, als es jetzo unruhig ist. Nichts kann meinen Entschluß hintertreiben. Wenn es wahr ist, daß Sie mich hoch schätzen: so verheurathen Sie Climenen mit Ihrem Sohn.

ORGON. Ich kann Ihnen nicht widerstehen, und wollte es doch gern thun. Ich glaube nicht, daß sich Geronte wird besänftigen lassen; und wenn Climene nicht darein williget, so soll sie Timantens Hand nicht annehmen. Hier kömmt Geronte.

DAMON. Gehen Sie ihm entgegen; suchen Sie, ihn zu besänftigen. Sein Zorn ist hitzig: er dauert aber nicht lange; er wird es gewiß thun – *Bey Seite.* Erhole dich, gequältes Herz! Der erste Kampf ist vorbey, wie viel hast du nicht gelitten! Wie viel ist dir noch zu leiden übrig!

Zweyter Auftritt

Geronte, Orgon, Damon.

ORGON. Komm, mein alter Freund, laß dich umarmen. Jetzo ist es die Zeit, in der ich eine rechte Probe der Freundschaft von dir fordern will; wirst du mir wohl meine Bitte abschlagen?

GERONTE. Sage mir ohne so viele Umstände, was du von mir haben willst. Die lange Vorrede hättest du bey mir ersparen können. Ich mache nicht viel Worte, aber ich bin allezeit bereit, alles für meinen Freund zu thun. Sage, was willst du?

ORGON. Die väterliche Liebe hat über meinen Zorn gesiegt. Ich habe Timanten verziehen. Darf ich hoffen, daß du es in Ansehung unserer alten Freundschaft auch thun wirst?

GERONTE. Das habe ich mir wohl eingebildet. Du bist zu gutherzig, um lange auf jemanden böse zu seyn. Je nun, es mag seyn! Du willst haben, daß ich ihm auch vergeben soll! Wahr ist es, daß es ihm nichts schaden würde, wenn man ihn auf ein Paar Monate im Tollhause studieren ließe: aber bey allem dem ist er dein Sohn, und ich vergebe ihm alles von Herzen. Hast du genug daran?

ORGON. Ich bin deiner Freundschaft alle Stunden mehr schuldig: aber ich muß noch mehr bitten. Wie würdest du mich verbinden, wenn du seine Thorheiten gar vergäßest!

GERONTE. So weit, als es sich vergessen läßt, will ich auch das thun. Er soll wieder in meinem Hause wohnen: aber so bald er mich wieder für einen Giftmischer hält –

ORGON. Erneuere das Angedenken seiner Thorheiten nicht. Ich verspreche dir, er soll sich bessern. Ich will Bürge für ihn seyn, wenn du ihm nur deine Freundschaft und Climenens Hand wieder giebst.

GERONTE. Climenens Hand! Die hat ja der schon.

Er weist auf Damon.

Er sieht sehr tiefsinnig aus, und macht für einen Bräutigam ein finsteres Gesicht.

ORGON. Höre das größte Exempel einer wahren Freundschaft und Großmuth an. Der edle Damon ist großmüthig genug, seine Ansprüche auf Climenen fahren zu lassen. Er will lieber unglücklich seyn, als seinen Freund unglücklich machen. Bewundere seine Großmuth.

GERONTE. Ist das alles wahr? Der Einfall ist seltsam genug. Er muß sonst etwas Liebes haben, weil er meine Tochter weggeben will. Ich will nun nicht untersuchen, ob es klug von ihm gehandelt ist, oder nicht. Ist alles wahr, Damon?

DAMON. Ja, ich leugne es nicht; ich bin entschlossen, alles, was ich in der Welt habe, der Freundschaft aufzuopfern. Verzeihen Sie, daß ich Climenens Hand ausschlage. Ich werde dafür gestrafet werden, und meine Sinnen werden mir das Glück, das ich verloren, zwar vorstellen, aber bey allem dem bleibt mein Entschluß fest. Gelten meine Bitten etwas, so geben Sie Climenen dem allzuglücklichen Timant. Entziehen Sie mir aber Ihre Freundschaft nicht, und bleiben Sie mir in der Ferne günstig. Ich werde morgen von hier abreisen, und in fremden Gegenden meinen Schmerzen Raum lassen.

GERONTE. Ich weiß nicht, was ich Ihnen sagen soll. Es steht bey Ihnen, zu thun, was Sie wollen. Was Sie für Timanten thun, ist freylich großmüthig: aber ob diese Großmuth nicht übertrieben und übel angewendet ist, davon will ich jetzo nicht reden. Wenn Timant seine Narrenspossen vergäße, so wäre ich schon mit ihm zufrieden.

ORGON. Ich habe es schon gesagt, ich stehe dir dafür, daß er sich bessern wird, und besonders, wenn ihm eine so vernünftige Frau, als Climene, zu Theile wird.

GERONTE. Wenn es meine Tochter zufrieden ist, so bin ich es auch – Hier kömmt sie eben.

DAMON *bey Seite.* Wie viel verliere ich nicht! Wie schön ist sie! Ich muß fliehen! – Doch nein, ich will den letzten Kampf aushalten.

Dritter Auftritt

Geronte, Orgon, Damon, Climene, Lisette.

GERONTE. Komm nur näher, wir reden eben von dir. Komm, meine Tochter, du wirst eine Neuigkeit erfahren: aber ich weiß eben nicht, wie du damit zufrieden seyn wirst. Doch du bist einmal ein gutes Kind; ich verlasse mich auf deinen Gehorsam.

CLIMENE. Wenn mir diese Neuigkeit eine Gelegenheit ist, Ihnen eine Probe davon zu geben; so muß sie mir angenehm seyn.

GERONTE. Da, mein alter Freund, der zu gut und zu versöhnlich ist, hat seinem Sohne alles vergeben, und du sollst ihm auch vergeben.

CLIMENE. Er hat mich niemals beleidiget; ich habe ihn allezeit bedauert; und ich kam eben her, um für ihn zu bitten.

GERONTE. Nun, das ist gut! so wirst du damit zufrieden seyn, daß ich ihm auch vergeben habe. Aber es ist noch mehr! Orgon will haben, ich soll ihm das Wort halten, das ich ihm einmal gegeben hatte, und ich habe ja gesagt: Du sollst Timanten heurathen. Was sagest du dazu?

CLIMENE. Timanten heurathen – Gnädiger Herr Vater – Damon, Sie schweigen – Sie seufzen.
LISETTE. Was das nun wieder für ein Einfall ist!
GERONTE. Es ist eben Damon, der für Timanten gebethen hat, und der mich bath, ich möchte dich ihm geben.
CLIMENE. Sie, Damon! –

Zu Lisetten.

Halte mich, ich weiß nicht mehr, wo ich bin. Damon liebet mich nicht, Damon ist treulos? Himmel, was höre ich!
DAMON. (O Himmel, kaum kann ich es sagen!) – Ja, gnädiges Fräulein, ich war es. Ich konnte Sie nicht besitzen, ohne die Freundschaft und die Tugend zu beleidigen. Machen Sie meinen Freund glücklich! Lassen Sie mich unglücklich seyn – Ich war nicht dazu bestimmt, Sie zu besitzen – Bedauren Sie mich.
CLIMENE. Sie schlagen meine Hand aus? Sie, Damon? Ich soll Sie bedauren?
GERONTE. Ja, er schlägt deine Hand aus, und ich werde ihn nicht bitten, sie anzunehmen, wenn er nicht will. Hast du aber Lust, es zu thun?
CLIMENE *zu Lisetten.* Ich verzweifle! Was soll ich thun? Soll ich niederträchtig genug seyn, und ihm seine Treulosigkeit vorwerfen? Er muß sich doch zu sehr verstellt haben, wie er mir von seiner Liebe vorsagte; er muß eine reichere Partie gefunden haben – Ich kann es nicht ausstehen. Der Schmerz ist für ein zärtliches und edles Herz zu groß.
LISETTE *zu Climenen.* Verbergen Sie nur Ihre Wehmuth; der Herr Vater wird sonst böse! Sehen Sie nicht, wie er auf uns sieht! Orgon saget kein Wort; er sieht gerührt aus. Damon scheint gar außer sich zu seyn. Er muß Sie ungern verlieren; er muß Sie lieben; nur kann ich die Ursache nicht begreifen.
CLIMENE *zu Lisetten.* Er soll mich lieben! Und warum würde er mich verlieren wollen? Warum würde er meine Hand ausschlagen? Ich wollte, er liebete mich, um ihn bestrafen zu können, und um seine Schmerzen, wenn er Schmerzen um mich fühlet, so heftig zu machen, als die meinigen.
GERONTE. Nun, wir gehören auch zur Gesellschaft! Was hat dir Lisette für einen Rath gegeben? Zu was hast du dich entschlossen? Willst du gehorsam seyn? Sage geschwind!

CLIMENE. Was soll ich thun? – Damon, Sie wollen es?
DAMON. Ja – Climene, ich bitte Sie darum: Leben Sie mit meinem Freunde glücklich – Ich kann nicht länger hier bleiben; ich werde Sie noch einmal wieder sehen.

Er will abgehen.

CLIMENE. Nein, bleiben Sie noch einen Augenblick. Sie wollen es, Damon? – Ich habe mich entschlossen: ich will Timantens seyn.
DAMON. O Himmel!
ORGON. Darf sich mein Sohn so eines Glückes schmeicheln – Aber wenn es mit Widerwillen geschehen sollte!
GERONTE. Possen! Was Widerwillen! Die Sache ist richtig. Ich sehe, daß ich eine gehorsame Tochter habe.
ORGON. Damon, wohin gehen Sie?
DAMON. Sie werden mich wieder sehen – Ich sterbe, wenn ich länger bleibe. Dieß ist zu viel ausgestanden. Leben Sie wohl!

Er geht ab.

LISETTE *zu Climenen.* Er zerfließt in Thränen. Er sieht verzweiflend aus.
CLIMENE *zu Lisetten.* Ach, ich glaube, ich habe mich übereilet, Timanten mein Jawort zu geben.
GERONTE. Nun, wo ist denn dein Sohn? Wo sollen wir ihn suchen, um ihm von allem diesem Nachricht zu geben?
ORGON. Ich weiß es nicht, und brenne doch vor Begierde, ihn zu sehen, ihn zu umarmen, ihn des Unrechts zu überzeugen, das er mir gethan hat. Ich habe deswegen den Brief, der an seinem Mistrauen Schuld war, zu mir gesteckt: aber ich weiß nicht, wo ich ihn finden soll.
GERONTE *zu Lisetten.* Weißt du nicht, wo er ist?
LISETTE. So viel ich weiß, so hat er sich mit seinem Bedienten, dem Philipp, in seine Stube verschlossen. Eben jetzt geht die Thüre auf.

Vierter Auftritt

Timant, Philipp, Geronte, Orgon, Climene, Lisette.

TIMANT *in Reisekleidern.* Ungeachtet Sie mir alle verbothen haben, Sie mehr zu sehen, unterstehe ich mich, mit Ihnen allen zugleich zu reden.

Gnädiger Herr Vater, gnädiges Fräulein, Herr Geronte, das erste, was ich zu thun habe, ist, daß ich Sie wegen meiner Uebereilung um Verzeihung bitte. Was ich mir vorstellete, ist nicht eingetroffen: aber bey allem dem hatte ich in meinen gefaßten Meynungen vielleicht nicht unrecht. Sie, gnädiger Herr Vater, enterben mich, Sie wollen mich nicht mehr sehen; es betrübet mich; aber deswegen werde ich nicht aufhören, Ihr gehorsamer und zärtlicher Sohn zu seyn. Ich hatte mich betrogen, Sie liebeten Climenen nicht: aber Sie haben mich auch nie als einen Sohn geliebet. Sie wollen mich nicht mehr sehen; ich gehorche, ich entferne mich, ich werde in einem fremden Lande einen andern Vater und ein anderes Vaterland suchen.
ORGON. O mein Sohn –
GERONTE. Still, laß ihn ausreden! Er hatte uns einmal diese Predigt zugedacht.
TIMANT. Sie, gnädiges Fräulein, haben Recht, über mein Unglück zu frohlocken. Sie erhalten dadurch meinen gewesenen Freund, den falschen Damon: aber freuen Sie sich nicht zu früh! Ein treuloser Freund ist nie ein beständiger Liebhaber gewesen. Sie haben ihn schon lange geliebet. Er hat Sie mit Verletzung der Freundschaft und Tugend erobert; und also beneide ich ihn nicht. Er flieht jetzo vor meinen Blicken, weil er sich seiner Handlungen schämet.
ORGON. O höre auf, höre auf, mein Sohn, beleidige das vortrefflichste Herz nicht! Damon ist die großmüthigste Seele; und du bist strafenswerth, wenn du nur einen Gedanken zu seinem Nachtheile haben kannst. Erkenne, wie unrecht du thust! Statt dich zu enterben, setze ich dich in den Besitz aller meiner Güter ein. Du bist mein Sohn; ich verzeihe, ich vergesse alles; Geronte auch. Climene ist wiederum dein; und alles dieses hast du Damons großmüthiger Freundschaft zu danken.
TIMANT. Was höre ich?
ORGON. Höre auf, liebster Sohn, höre auf, mich zu betrüben! Misbrauche meine Liebe nicht mehr! Kann dich alles dieses nicht bewegen? Siehst du nicht, wie sehr du dich betrogen hast? Du hast den Damon in Verdachte gehabt, und er verliert alles, was er in der Welt am liebsten hat, um dich seiner Freundschaft zu überzeugen. Du kennest mich so wenig genau, daß du mir zutrautest, ich liebete dich nicht, und gienge hinterlistig mit dir um. Ich überlasse dir mein ganzes Vermögen, um dich des Gegentheils zu überreden. Du hast meinen

und deinen wahren Freund Geronte in dem niederträchtigsten Verdachte gehabt. Er verzeiht dir alles, er schenket dir seine Freundschaft und die Hand der liebenswürdigen Climene wieder. Climene, ungeachtet aller deiner Thorheiten, williget in dein Glück. Was kannst du mehr begehren? Laß dich rühren! Bedenke, wie zärtlich ich dich liebe! Sind meine Bitten, sind meine Thränen nicht genug, dich deiner Thorheiten zu überweisen? Nimm diesen Brief, ließ ihn ganz. Die Hälfte davon hat einigen Anlaß zu deinen Ausschweifungen gegeben.

TIMANT. Es ist genug, gnädiger Herr Vater, es ist genug. Ich erkenne meinen Irrthum, und schäme mich selbst. Ich bin überzeugt, ich bin überwunden, und bitte Sie alle schamroth um Verzeihung. Meine allzugroße Zärtlichkeit war es selbst, die mich mistrauisch machte. Wo ist mein Freund? Wo ist Damon, daß ich auch ihn um Verzeihung bitten kann? Er hat zu viel für mich gethan. Ich weiß nicht, ob ich wache, oder ob ich träume. Mein Glück ist so groß, daß ich nicht weiß, wo ich bin. Der Schleyer des Vorurtheiles, der mich verblendet hatte, fällt auf einmal von meinen Augen.

ORGON. Nein, ließ erst den ganzen Brief! dann wirst du meine Absichten, als ich hieher reisete, besser erkennen.

GERONTE. Ich will ihn lesen: Geben Sie die zwo Hälften her! Ja, ja, mein lieber Timant, lernen Sie ein andermal klüger seyn! Für dießmal mag es noch hingehen.

Er liest.

»Sie geben mir alle Tage neue Zeichen Ihrer Freundschaft. Ich halte es für ein Großes, daß Sie Vertrauen genug auf mich setzen, um mich bey einer so wichtigen Sache, als Ihres Herrn Sohnes Vermählung, zu Rathe zu ziehen. Was soll ich Ihnen sagen? Sie haben vortrefflich gewählet. Ich kenne Fräulein Climenen, sie ist schön und tugendhaft, und Ihres Sohnes werth.« (Hier kömmt das abgerissene Stück, hören Sie recht zu, Timant!) »Ich wünsche, daß ein so liebes Paar recht lange vergnügt mit einander leben könne. Zweifeln Sie nicht an dem Herzen Ihres Sohnes.«

TIMANT. Es ist genug, es ist genug, ich bin schon mehr als überzeugt. Ich sehe meine vorigen Thorheiten ein, und schäme mich meiner selbsten. Ist so ein Unsinniger, wie ich war, Ihrer Hand noch werth, Climene? Sie haben beständig geschwiegen; Sie sehen traurig aus; Sie haben freylich Ursache, zornig auf mich zu seyn. Der großmüthige

Damon ist freylich Ihres Herzens besser werth. Ich leugne nicht, daß er eher verdienet –

PHILIPP *stößt ihn.* Stille doch! stille! das Mistrauen möchte sich wieder in das Spiel mischen.

CLIMENE. Ich gehorche meinem Vater. Ich freue mich, daß Sie Ihr gehabtes Unrecht erkennen, und wünsche, daß alles dieses genug Eindruck bey Ihnen machen möge, um Ihnen Ihr Mistrauen völlig abzugewöhnen.

Zu Lisetten.

Was das für eine Marter ist! Wenn ich doch nur in der Stille seyn könnte, um ruhig zu weinen, und ruhig zu sterben.

TIMANT. Ja, zweifeln Sie nicht, liebenswürdige Climene! Ich bin gerühret; ich bin überzeugt, ich werde mich ändern. Aber soll ich meinen großmüthigen Freund betrüben? Ich sehe, daß Sie ihn ungern verlieren. Wo ist er jetzo? Warum flieht er meine Blicke?

ORGON. Vielleicht aus Bescheidenheit und Großmuth. Er versprach, bald wieder hier zu seyn.

GERONTE. Nur kein Geplauder gemacht! Der Notarius ist schon oben; ich hatte ihn für den Damon holen lassen. Komm, wir wollen geschwind den Contract aufsetzen. Kommen Sie auch, Herr Schwiegersohn; Sie müssen auch dabey seyn.

ORGON. Ich will zugleich die Schenkung aufsetzen lassen, in der ich dir alle meine Güter übergebe.

TIMANT. Ich werde Ihnen in einigen Minuten folgen. Ich bin von einer so unvermutheten Freude so bestürzt, daß ich mich erst erholen und in der Einsamkeit zu mir selbst kommen muß. Ich folge Ihnen den Augenblick.

GERONTE. Nun, so lassen Sie uns nicht lange warten. Komm, wir wollen mit einander gehen.

Geronte und Orgon gehen ab.

TIMANT *macht Climenen eine ernsthafte Verbeugung.* Komm, Philipp, ich habe viel zu überlegen. Ich habe etwas Wichtiges vor – Ich habe viel Zweifel.

Er geht ab.

PHILIPP. Nun, das heißt durch Thorheiten sein Glück gemacht. Mein Herr bekömmt Climenen! Die närrischen Leute sind doch allemal die glücklichsten.

Er geht ab.

Fünfter Auftritt

Climene, Lisette.

CLIMENE *wirft sich in einen Lehnstuhl.* Endlich sind sie fort; endlich kann ich wieder zu mir selbst kommen! Ach, ich wollte, daß ich nimmermehr zu mir selbst kommen könnte! Mein Schmerz ist zu groß; ich kann nicht weinen! Mein Herz ist zu beklommen! Damon, der treulose Damon, liebet mich nicht! – Und warum sagtest du mir denn so viel von seiner Liebe? – Falscher, was hast du gethan! – Was habe ich gethan! Unglückliche Climene!

LISETTE. Um des Himmels willen, beruhigen Sie sich! Sie hatten sich ja vor einigen Stunden darein ergeben, Timanten zu heurathen. Wenn Sie jetzo betrübt darüber sind; warum haben Sie denn Ihr Jawort gegeben?

CLIMENE. Quäle mich nicht mit Vorwürfen! Ich bereue es genug: aber was sollte, was konnte ich thun? Mein Vater wollte es, und Damon (kaum kann ich es glauben) Damon selbst wollte es ja. Ich glaubte, mich an dem Falschen dadurch zu rächen; ich wollte ihn betrüben, und ich habe mich unglücklich gemacht. Bedaure mich, meine Lisette, bedaure mich! Mein Herz ist nicht fähig, alles dieses auszustehen. So viele Veränderungen in einem Tage, so viele Freuden, so viele Schmerzen, so viele Zärtlichkeit, und diese unvermutheten Zufälle haben mich aller Kraft beraubet. Timant wird nicht lange mein Gemahl seyn! Wenn dann Damon einmal erfährt, wozu er mich gebracht hat, so wird er es bereuen. Er wird mich bedauern; er wird mich vielleicht bedauern.

LISETTE. Ich kann meine Thränen nicht zurück halten; Sie rühren mich auf das äußerste. Aber ich weiß nicht, was ich von Damon denken soll! Er liebet Sie; das ist einmal gewiß. Man konnte ja die Verzweiflung aus allen seinen Blicken sehen. Vielleicht ist eine zu weit getriebene Freundschaft die Ursache von allem.

CLIMENE. *Damon kömmt herein und höret ihr zu.* Wenn Damon Timanten mehr liebt, als mich; wenn Damon mich unglücklich machen will, um ihn glücklich zu machen: so hat er mich nie recht geliebt, und ich – kann ich noch an meine Schwachheit denken? Und ich – ich gestand ihm meine Liebe offenherzig. Ich liebte ihn mehr, als mich selbst. Ich wünschte, ihn noch zu sehen, um ihm seine Grausamkeit zu verweisen. Ich wünschte, ihn zu sehen, um den letzten Abschied von ihm zu nehmen.

Sechster Auftritt

Damon in Reisekleidern, Climene, Lisette.

DAMON. Hier ist er, göttliche Climene; hier ist er, der unglückliche, der strafbare Damon. Ich habe der Freundschaft und der Tugend genug aufgeopfert: nun ist es Zeit, meiner Schwachheit einen Raum zu lassen. Ich komme, um Sie um Verzeihung zu bitten;

Er wirft sich zu ihren Füßen.

um zu Ihren Füßen zu weinen; um zu Ihren Füßen zu sterben, wenn es möglich ist!

CLIMENE. Damon! Sie sind hier! Was sagen Sie? Stehen Sie auf! Sie haben mich gehöret; es ist genug; verlassen Sie mich, fliehen Sie!

DAMON. Ja, ich will Sie fliehen! Ich will Sie auf ewig verlassen, und die ganze Welt zugleich, wenn es möglich ist. Nur, ehe ich entfliehe, lassen Sie mich aus einem heiteren versöhnten Blicke schließen, daß Sie mir verzeihen. Wenden Sie Ihre Augen nicht zornig von mir ab. Mein Schmerz ist ohnedieß stark genug, mich zu tödten. Nur noch ein einzigesmal sehen Sie mich an, und ich gehe, vergnügt zu sterben, oder ein Leben zu führen, das den Tod an Schmerzen übertreffen wird. Ich habe genug in der Welt gethan; ich habe genug ausgestanden; ich habe meine Pflicht erfüllet; und dieses wird mein einziger und letzter Trost bleiben. Nichts verlange ich, als nur ein letztes Zeichen Ihres Mitleidens. Wenn ich weiß, daß Sie mich bedauern: so werde ich eilen, von Ihnen zu reisen.

CLIMENE. Damon! – Was wollen Sie, das ich Ihnen sagen soll? Sie sehen meine Thränen; Sie haben meine Klagen gehört; Sie sind Ursache an allem; und Sie wollen noch, daß ich Sie bedauern soll!

DAMON. Ja, Sie werden mich bedauren, liebste Climene! Ja, Sie werden mich beklagen, und nicht scheltenswerth finden, Sie lieben die Tugend zu sehr, um mir nicht zu verzeihen. Wäre ein treuloser Freund Ihrer Liebe werth gewesen? Hätte ein niederträchtiges Herz Ihre Zärtlichkeit verdienet? Nein, Climene, ich verlasse Sie, um Ihrer werth zu werden. Timant hat Sie eher, als ich geliebt; er hatte mir seine Liebe eher entdeckt, als ich Sie sah; er war Ihr bestimmter Bräutigam. Da ihn seine Schwachheit um Ihre Hand bringt; konnte ich ohne Niederträchtigkeit mir sein Unglück zu Nutze machen? Würden Sie mich nicht verachten, wenn ich es thun könnte? Ich habe Timanten viele Verbindlichkeiten; soll ich ihn unglücklich machen? Ich liebe Sie, Climene! Ich habe es Ihnen oft gesagt; ich sage es Ihnen zum letztenmal, ich liebe Sie mehr, als mein Leben; aber nicht mehr, als meine Tugend! Verzeihen Sie mir! Das ist alles, was ich von Ihnen verlange.

CLIMENE. Ich verzeihe Ihnen; ich bedaure Sie: bedauren Sie mich auch! Haben wir einander denn nur geliebt, um uns beyde unglücklich zu machen? Unser Abschied ist zu grausam! Sie wollen von hier fliehen: wohin wollen Sie denn?

DAMON. Erlauben Sie mir, daß ich diese Hand zum letztenmale küsse, und mit meinen Thränen benetze. Schmerzhafte Entzükkung! Verzweiflungsvolle Zärtlichkeit! Climene, liebste Climene, leben Sie – ach Himmel, ich kann es nicht sagen! Leben Sie wohl!

CLIMENE. Leben Sie wohl, Damon! Ich sterbe – Die Tugend tröste Sie! Der Himmel begleite Sie! Denken Sie an mich, wenn ich nicht mehr lebe –

Sie fällt auf den Lehnstuhl.

DAMON *sieht im Abgehen nach ihr zurück.* Dieß ist der letzte Blick: o Himmel, ist es möglich, daß ich diesen Gedanken überlebe! O Climene!

Er wird von Geronte und Orgon, die eben auftreten, aufgehalten.

Siebenter Auftritt

Geronte, Orgon, Damon, Climene, Lisette.

GERONTE *der den abgehenden Damon aufhält.* Guten Abend, Damon! Wohin wollen Sie so geschwind? Bleiben Sie da! Oh, oh, Sie sehen ja ganz, ich weiß nicht wie, aus. Wo ist denn nun wieder Timant? Wir warten schon eine ganze Stunde auf ihn. Wir wollen sehen, ob er sich etwan wieder etwas listiges, seiner Gewohnheit nach, hat einfallen lassen. – Doch was fehlet denn Climenen?

ORGON. Was ist denn Ihnen begegnet, gnädiges Fräulein?

CLIMENE *steht auf.* Verzeihen Sie mir, eine unvermuthete Unpäßlichkeit hat mich befallen. Erlauben Sie mir, mich zu entfernen.

Sie will abgehen.

Achter und letzter Auftritt

Timant, Philipp, Geronte, Orgon, Climene, Damon, Lisette.

TIMANT *hält Climenen auf.* Wohin eilen Sie, gnädiges Fräulein? Erlauben Sie, daß ich Sie einige Augenblicke aufhalte. Ihre Gegenwart ist diesesmal zu nöthig: es wird Sie nicht reuen, sich aufgehalten zu haben. – Auch Sie sind hier, liebster Freund, großmüthiger Damon! Kommen Sie in meine Arme.

Sie umarmen einander.

Sie weinen, Damon? Ist es aus Schmerz oder aus Zärtlichkeit? Sie werden mich jetzo kennen lernen. Sie haben mich gelehrt, mich selbst zu kennen. Gnädiger Herr Vater! Herr Geronte! darf ich mir ausbitten, daß Sie mir einige Minuten lang ruhig zuhören?

GERONTE. Zu was soll nun wieder diese lange Vorrede? Wir warten droben eine Stunde auf ihn. –

ORGON. Laß ihn reden: ich bitte dich. Er scheint uns etwas wichtiges zu sagen zu haben.

LISETTE *zu Philippen.* Sage mir leise, was dein Herr vorhat, und was das alles bedeuten soll?

PHILIPP. Stille doch! Stille! Du weist ja, daß ich verschwiegen bin, und meines Herrn Geheimnisse nicht ausplaudere.

TIMANT. Meine Vorurtheile und meine mistrauischen Thorheiten haben mich lange genug lächerlich und Ihnen allen beschwerlich gemacht, da ich weder lächerlich noch ungerecht zu seyn glaubte. Dieses ist die Eigenschaft der meisten Thorheiten, daß man aufhöret, thöricht und lächerlich zu seyn, so bald man erkennet, daß man es ist. Ich erkenne nun meine Thorheit. Dieses bin ich schuldig, und vor allem Ihnen, großmüthiger Damon! Ihre Handlungen haben mich überzeugt, daß noch eine wahre Tugend in der Welt ist, und daß die Fehler, die ich bey andern fand, und die mein Mistrauen verursachet, ihren meisten Grund in meiner verdorbenen Einbildung hatten. Ich erkenne, wie niederträchtig ich war. Ich schäme mich meiner Handlungen, meiner Reden, meiner Gedanken. Ich sehe, was ein Mistrauischer in der menschlichen Gesellschaft für eine unglückliche und hassenswürdige Rolle spielet; und wenn ich nicht hoffete, meine Thorheiten durch tugendhafte Handlungen und durch edlere Gedanken zu ersetzen, so würde ich in Verzweiflung gerathen. Diese Art zu denken bin ich Ihnen schuldig.

GERONTE. Diese Beichte war nicht unrecht, nur daß sie zu lang war. Was soll aus allem diesen heraus kommen?

ORGON. Unterbrich ihn nicht, er hat mich gerührt, ich weine vor Freuden.

DAMON. Wie sehr erfreue ich mich, solche Gesinnungen bey Ihnen zu finden! Ich bin genug für alles belohnt, was ich für Sie gethan habe. Ihre Lobeserhebungen aber sind Sie nicht mir, sondern Ihrem großmüthigen Vater, schuldig.

LISETTE *zu Philippen*. Wie lange hat dein Herr an dieser Predigt auswendig gelernet?

TIMANT. Ich bitte Sie aber noch einmal, unterbrechen Sie mich nicht. Ich habe Ihnen dieses zum Voraus sagen müssen, um Ihnen zu zeigen, daß ich anfange, mich selbst kennen zu lernen. Die nämliche Tugend, die mein Mistrauen gegen andere zu nichte macht, macht mich gegen mich selbst mistrauisch, und das mit allem Rechte. So lange eingewurzelte Thorheiten, besonders, wenn sie ihren Grund zum Theil aus dem Temperamente haben, lassen sich nicht so leicht auf einmal tilgen. Es ist eine große Verwegenheit, wenn man, ehe man angefangen hat, sich in einer Tugend fest zu setzen, sicher genug ist, um keinen

Rückfall zu befürchten. Ich weiß, daß ich noch öfters thöricht, noch öfters mistrauisch seyn werde, und bitte Sie alle schon zum Voraus deswegen um Verzeihung. Erst nach langer Zeit und Mühe hoffe ich, ganz vernünftig zu werden, und ich will mich indessen hauptsächlich hüten, daß ich durch die Anfälle des Mistrauens, die mich überfallen möchten, niemand unglücklich mache, und niemanden beschwerlich falle. Wie unglücklich würde eine Gemahlinn nicht bey mir seyn, ehe ich diese Gemüthsart völlig überwinde! Je mehr ich sie liebte, desto heftiger würde ich sie quälen. Meine Liebe, meine Zärtlichkeit selbsten, würde mich mistrauisch machen, und meine völlige Besserung hindern. Wenn ich einem Hauswesen vorstehen sollte: so würde ich meine Bediente quälen, und allen denen, mit denen ich umgehen müßte, beschwerlich fallen. Die Sorge, die es erforderte, würde mich vielleicht zu einem Rückfalle bringen. Beydes würde mich unglücklich machen, und der Tugend widerstehen. Sagen Sie nun, kann ich Climenens Hand annehmen? Kann ich die Verwaltung meines väterlichen Gutes über mich nehmen?
GERONTE. Ho, ho, was soll das heißen?
ORGON. Ich beschwöre dich darum, sage ihm nichts! O mein Sohn, laß dich umarmen! Wie glücklich bin ich nicht!
DAMON. Ich weiß nicht, was ich sagen soll.
CLIMENE *zu Lisetten.* Ich fange an, zu hoffen.
LISETTE *zu Philippen.* Dein Herr fängt endlich wirklich an, vernünftig zu werden.
PHILIPP. Es ist auch Zeit; er ist bald dreyßig Jahre alt.
TIMANT. Welche Besserung würde es seyn, wenn ich statt mistrauisch zu bleiben, unedelmüthig und undankbar würde? Wenn ich meinem Freunde seine Geliebte, meinem Vater seine Güter entzöge? Wenn ich Sie unglücklich machte, vortreffliche Climene? Wenn ich mich in den Stand setzte, Sie auf das neue zu beleidigen, Sie, die alle an meiner Besserung, an meinem Glücke, Schuld sind? Muthen Sie mir es nicht zu, gnädiger Herr Vater! Herr Geronte, wenn Sie jemals eynige Gewogenheit für mich gehabt haben: so seyn Sie mit dem, was ich jetzo unternehme, zufrieden.

Er nimmt Climenen bey der Hand.

Ihr gnädiger Herr Vater hatte mir Ihre Hand zugedacht, vortreffliche Climene! Erlauben Sie, daß ich sie einige Augenblicke nehme, um Sie in bessere Hände zu überliefern!

Zu Damon.

Treten Sie näher, liebster Freund! Empfangen Sie Climenen von meinen Händen! Sie sind ihrer werth; Sie machen mich glücklich, da Sie mich tugendhaft machen. Wie froh bin ich nicht, daß ich Sie wiederum glücklich machen kann!

GERONTE. Nun, es ist ordentlich, als wenn diese beyden den Ball mit meiner Tochter spielten: keiner will sie haben; einer schiebt sie dem andern zu. Will man mich zum Narren haben?

TIMANT. Ich beschwöre Sie darum! Erlauben Sie mir, Climenen meinem Freunde abzutreten. Sie wollten sie ihm ja vorhin geben. Zu Ihnen, mein gnädiger Herr Vater, will ich, wenn Sie es erlauben, wollen, auf Ihr Landgut ziehen. Dort will ich mich immer besser kennen zu lernen, und mich durch die Weltweisheit und die Tugend zu bessern suchen. Die Ausübung meiner kindlichen Pflicht und die Besserung meines Herzens, soll meine vornehmste Beschäftigung seyn. Sie erlauben mir es?

ORGON. O mein Sohn! O glücklicher Tag! Solche Freude zu erleben, hatte ich die Hoffnung nicht mehr. Ich bin mit allem zufrieden. Wie werth bist du meiner Liebe! Wie wohl ersetzest du mir durch die Freude dieses Augenblickes alle Sorgen, die du mir gemacht hast! – Und Sie, mein liebster Damon, auch Sie werden nun glücklich seyn. Wie froh bin ich nicht! Sey nur auch zufrieden, mein lieber Geronte! Mein Sohn thut nichts, als seine Schuldigkeit; und Damons Tugend ist Climenens werth.

GERONTE. Je nun, ich bin auch zufrieden, wenn alles zufrieden ist. Was sagen Sie, Damon?

DAMON. Ich bewundere meinen vortrefflichen Freund; mit Thränen von Dankbarkeit und Freude umarme ich ihn. Ich danke Ihnen auf dem Knie für Ihre Einwilligung; und Sie, Climene?

CLIMENE. Sie fragen mich, Damon, und Sie kennen mein Herz!

Sie giebt ihm ihre Hand.

GERONTE. Nun, Timant hat wirklich recht klug gethan. Ich bin ihm noch einmal so gut, nun da er klug geworden ist. Nun wollen wir geschwind zum Notarius hinlaufen.

Er nimmt den Orgon bey der Hand.

Komm, ich will dich führen. Damon, führen Sie Ihre Braut! Komm, meine Tochter, es reuet sonst den Bräutigam wieder, und er giebt dich dem andern. Kommen Sie, Timant!

Er läuft ab und schleppet den Orgon mit sich. Damon und Climene folgen.

LISETTE. Philipp, wollen wir auch mit hinauf gehen?
PHILIPP. Ich verstehe dich schon, du lose Kleine! Je nun ja! Da mein Herr närrisch war, war ich klug. Nun, da er klug geworden ist, möchte ich närrisch genug werden, dich zu heurathen. Geh voran, ich will ihn um Erlaubniß bitten.
LISETTE. Und ich will meinem Fräulein Glück wünschen.

Sie geht ab.

TIMANT, *der unterdessen in Gedanken stand, zum Philipp.* Bey allem dem glaube ich noch, sie hatten meinen Entschluß zum Voraus gesehen, und sie haben mich mit allen ihren Lobeserhebungen zum Besten.

Ende des fünften und letzten Aufzuges

Biographie

1731	*2. September:* Johann Friedrich Reichsfreiherr von Cronegk wird in Ansbach als Sohn eines Generalfeldmarschal-Leutnants des fränkischen Kreises geboren. Cronegk genießt als Einzelkind die beste Privaterziehung. Früh zeigt er eine große Begabung für Fremdsprachen. Cronegk spricht und schreibt später fließend Latein, Französisch, Italienisch und Spanisch.
1749	Er studiert Jura und Schöne Literatur in Halle.
1750–1752	Cronegk studiert weiter in Leipzig, wo er sich Christian Fürchtegott Gellert, Johann Friedrich Christ, Abraham Gotthelf Kästner, Gottlieb Wilhelm Rabener und Christian Felix Weiße anschließt.
1752	In Braunschweig lernt er die »Bremer Beiträger« Karl Christian Gärtner, Johann Arnold Ebert, Nikolaus Dietrich Giseke und Just Friedrich Wilhelm Zachariae kennen und freundet sich in Dresden mit dem Intendanten des sächsischen Hoftheaters, Graf Moritz von Brühl, an.
	Cronegk wird Kammerjunker in Ansbach.
1754	Nach der Rückkehr in die Heimatstadt wird Cronegk zum Justiz- und Hochfürstlichen Hofrat ernannt. Vor Amtsantritt unternimmt er noch eine Bildungsreise nach Italien (Rom) und Frankreich (Paris).
1754–1756	Zu seinen Lebzeiten ist Cronegk als Begründer und Mitarbeiter der moralischen Wochenschrift »Der Freund« in Ansbach bekannt. »Sprachgewandte Oden und Lehrgedichte« sind die weiteren bekanntesten Werke, die noch zu seinen Lebzeiten erscheinen.
	»Der Krieg« (Ode 1756).
	Cronegk wird Mitglied der durch Gottlieb Samuel Nicolai gestifteten »Gesellschaft von Freunden der schönen Wissenschaften«.
1757	*5. März:* Tod der Mutter Cronegks.
	Cronegk gewinnt den von Friedrich Nicolais »Bibliothek der schönen Wissenschaften« ausgesetzten Preis für das beste deutsche Trauerspiel mit seiner schon in Leipzig be-

gonnenen, nach detaillierten Vorschlägen von Gellert und Graf Brühl verbesserten Alexandrinertragödie »Codrus«. Der Preis wird ihm allerdings erst nach seinem Tod zugesprochen.

Dezember: Als er seinen Vater in Nürnberg besucht, erkrankt Cronegk an Pocken.

1758 *1. Januar:* Cronegk stirbt im Alter von 26 Jahren in Nürnberg. Posthum erscheinen »Einsamkeiten« (1758), »Codrus« (1760), »Olint und Sophronia« (1767).